摆脱焦虑

[美]唐·约瑟夫·戈韦 著　　李晓磊 译

天津出版传媒集团
天津科学技术出版社

著作权合同登记号：图字 02—2020—174

THE END OF STRESS : Four Steps to Rewire Your Brain by Don Joseph Goewey
Copyright © 2014 by Don Joseph Goewey
Simplified Chinese translation copyright © 2020
by Beijing Standway Books Co., Ltd.
Published by arrangement with Atria Books/Beyond Words, a Division of Simon & Schuster, Inc.
through Bardon-Chinese Media Agency
ALL RIGHTS RESERVED

图书在版编目（CIP）数据

摆脱焦虑 /（美）唐·约瑟夫·戈韦著；李晓磊译. -- 天津：天津科学技术出版社，2021.6
书名原文：THE END OF STRESS
ISBN 978-7-5576-8571-3

Ⅰ.①摆… Ⅱ.①唐… ②李… Ⅲ.①焦虑－心理调节 Ⅳ.① B842.6

中国版本图书馆 CIP 数据核字 (2021) 第 058854 号

摆脱焦虑
BAITUO JIAOLÜ

责任编辑：胡艳杰

助理编辑：马妍吉

出　　版：	天津出版传媒集团
	天津科学技术出版社
地　　址：	天津市西康路 35 号
邮政编码：	300051
电　　话：	(022) 23332695
网　　址：	www.tjkjcbs.com.cn
发　　行：	新华书店经销
印　　刷：	天津中印联印务有限公司

开本 880×1230　1/32　印张 8　字数 150 000
2021 年 6 月第 1 版第 1 次印刷
定价：46.80 元

空寂的海滩上留下的脚印

被雨水冲刷——

那苦恼没有来由

它的脚甚至都未曾沾地

忽然我听到一声遥远的低语

那是春天轻柔的风声

那苦恼就这样随风消散

——释一行禅师

节选自释一行禅师的诗集《请以我的真名呼唤我》(*Call Me by My True Names*) 之《放下》(*Unclasp*)

序　言

25年前，唐走进我在旧金山蒂伯龙码头的办公室。他坐到我对面的椅子上，那里靠着窗，可以俯瞰整个旧金山湾。他此行是要面试国际心态疗愈中心（ICAH[1]）的高级管理职位。这家机构是在十多年前由我与合作伙伴共同发起创立的。唐有非常出色的资历，并曾在我的母校——斯坦福大学医学院担任高管；在此之前，他还是卡尔·罗杰斯[2]的合伙人。当然，那时的我并不知道将来他会以门奇来称呼我。门奇是个意第绪语[3]单词，用来形容具有高尚品格、值得他人钦佩和效仿的人。而唐日后不仅成了我的挚友，更成了我的合作伙伴。他将该机构的心理学方法带到世界上那些

---

1. ICAH全称为International Center for Attitudinal Healing，此中心在2010年更名为Attitudinal Healing International。
2. 著名心理学大师，人本主义心理学的主要代表人物之一。
3. 属于西日耳曼语支，通常用希伯来字母书写。主要是阿肯纳西犹太人在使用此语。

最需要的场所中去,从战区、监狱、贫困社区到压力重重的美国企业界。

当时,ICAH是我基于态度的力量而建立的一种新兴心理学派的试验中心。它的理念是将健康定义为内心的平静,而将治疗定义为释放恐惧。它主张:痛苦并非由外界的人或事导致,而是由我们自身对人和事件的想法、感受和态度所带来的。该中心的目标是帮助人们克服焦虑、压力和沮丧,使人们的态度发生从恐惧到平和的根本性转变。面对逆境时,人们通常会联想到一些紧张的画面,而恐惧的心态会将这些画面当成现实而非某种选择。

相反,当谈到平和(Peace)这个词时,大多数人(假如他们真的感受到过平和)误认为那是一种自满而消极的心态。每年人们都会把它写在节日贺卡上强调一次,然后就置之不理了。平和一般不会被认为是了不起的个人能力,恐惧也不被看作是个人能力的一种丧失。而数千名来该中心求助过的人却对此产生了不同观点。在处理日常生活危机的过程中,几乎所有这些人都完成了由恐惧到平和的转变:从离婚、失业,到那些似乎无法克服的挑战,如遭受癌症、艾滋病、瘫痪或失去亲人。这些来访者会告诉你,从恐惧到平和的态度转变并非小事。它会改变你对生活的看法和处世方式，从而令一切都发生改变。这是因为态度是一种心理力量，也许你感觉就要被周遭的一切所压垮，而它能够使你成为比环境更强大的存在。引用维克多·弗兰克尔[1]的话，"这是人类最后的自由，它赋予你选择自己内心的力量，而忽略外界发生的一切。"掌握了态度的力量，你就会在生活中变得强大。ICAH中心非常成功地证实了普通人具有做出这种惊人转变的能力，《60分钟》（*60 Minutes*）节目[2]对此进行了特别报道，而另一部有关该中心儿童项目的纪录片则斩获了皮博迪奖。

在我建立这个中心的随后几年里，神经科学已经证明，平和的心态是释放大脑全部潜能的关键。在过去的十年里，医学已经证实，从细胞和染色体的分子水平来看，我们的精神状态甚至决定了我们身体的健康程度。

话题回到唐：在他领导该中心的十二年里，他冒险深入到充满恐惧和绝望的腹地，帮助人们将心态调整至平和状态。在这项工作之外，他则沉浸在神经科学之中，开始研究这种态度的转变是如何在大脑中产生的。最终，唐决定

---

1. 著名心理学家，《活出生命的意义》作者。
2. 美国一档知名电视节目，获得多个奖项，迄今已播出逾4年。

接受一项挑战：将他学到的大脑相关知识，与工作中的一切结合起来，以建立一个可以解除压力的模型。这个过程花了将近六年的时间，但最终，唐取得了前人未有的成功，数千名被这个项目所帮到的人便是明证。以下是来自一位重症监护护士的话：

"它改变了我的人生！这听上去或许有些夸张，但在过去的几天里，我的人生观和生活理念都发生了彻底的转变。我正在有意识地努力改变我的态度，改变我所做的一切。到目前为止，它让我感受到的是如此之多的平和与希望。这真是一个治愈又鼓舞人心的课程。我听过很多有关压力管理和实现健康的方法，但没有一个能像这个课程一样，让我产生实质性的改变。"

下面是来自一位跨国公司高管的评价：

"这门课程能够让我们所有人都参与到成就最佳自我的过程中来，为此，我希望这门课程能遍地开花，影响到更多的人。"

这便是唐的新书所能给你带来的改变的机会。

有时候,当读到激励个人转变的书时,人们会认为,书的作者本身一定成功地避开了自己生命中的挣扎和痛苦。但大多数时候事实并非如此,而唐的情况更不是如此。他不得不忍受童年的痛苦,包括生父的抛弃、继父的虐待。据唐自己说,多年来,他一直与愤怒、恐惧和羞愧做斗争,直到生活迫使他面对自己。促使他寻求转变的开始,是他突然失业并在同一周内被诊断为脑肿瘤;如果这还不够糟糕的话,当时他的婚姻已濒临破裂,而四个幼小的孩子仍嗷嗷待哺。

当这一系列境况让他的压力和恐惧最终达到无法忍受的程度时,不知怎的,唐忽然能够敞开心扉,让平静与美好踏进这黑暗的时刻。他自问哪一种情况更糟:是他所面临的环境,还是他变得如此恐惧和不安?这个问题让唐意识到自己在压力和愤怒之中生活了如此之久。他当下就决定,不管接下来发生什么,都要朝相反的方向走,朝着隧道尽头的光亮走。他发誓用平和的眼光看待生活。这令他发生了翻天覆地的变化,一种我们都能够做到的变化。当然,自从唐向平和转变以来,愤怒和恐惧偶尔也还会抬头,但他每次都设法远离它们。他专注并努力摆脱任何与平和心态相左的消极模式，他承认自己的错误并原谅自己，正因如此，他培养了一颗同理心，此同理心可引导他远离对他人的任何评判。

唐把这一切都写进了这本书，包括他的经验、他的知识以及他的内心。在我看来，没有人比他更有资格为你提供释放压力的方法。这些方法会教你如何强健自己的大脑，让你的生活达到前所未有的高度。请相信我：这本书绝对可靠。

——杰拉德·甘波斯基，医学博士，

《真爱无惧》（*Love Is Letting Go of Fear*）作者，

《生命历程的缩影》（*A Mini Course for Life*）合著者

引 言
坏消息和极好的消息

这本书旨在针对压力提供一种解决方案。这种方案本质上就是神经学的成功运用,或者说通过激活特定心理区域,从而使高级大脑网络以最佳状态运转。当这些大脑网络如同电路一样连接并闪起亮光,以相当于每秒处理一亿条计算机指令的高速快乐地运行着时,会让你在生活的各个层面都表现出色,从事业到家庭,从身体健康到精神健康,甚至到打出更少的高尔夫杆数。这部分脑区能够产生具有分析性和创造性的智能来帮助你实现目标,同时也产生情感和社会智能,给你的工作注入快乐,让你事事称心,与人相处和睦,并且它也是健康长寿的关键。所有这些积极的结果都是大自然进化出高级大脑的目的所在。

坏消息是,压力会削弱、侵蚀甚至损害高级大脑网络,让你无法生活圆满、取得成功。而好消息是,现在有一种解决压力的方法,它不仅能修复压力所造成的破坏,还能重塑神经系统反应,刺激高级大脑网络中新连接的生长,扩大脑容量。随着这些网络的整合，你会成为一个社会功能更加完善的个体，能够迈向更高的人生高度。

我想先回顾一下有关压力的坏消息以强调它所带来的负面影响，然后再为你揭示出那个极好的消息——如何释放压力，从而锻炼出一个强大的大脑。首先，压力反应会产生压力荷尔蒙，而压力荷尔蒙会破坏高级大脑的执行功能，这种功能原本可以让你制订计划，然后对它进行管理直至完成。压力荷尔蒙还会让其他大脑网络萎缩，破坏它们之间的联系，使你无法维系最佳状态或保持创新能力。这些荷尔蒙将你锁定在战斗—逃跑—僵住模式中，并将你的情绪基调设定为负，使你焦虑、愤怒、偏执和抑郁。它们会降低身体免疫力，损害心血管系统，破坏染色体，杀死脑细胞，如果不加以控制，最终它们会摧毁你。

如果把所有与压力有关的致命疾病加起来——例如心脏病、中风、癌症、免疫缺陷、糖尿病和早衰等，那它无疑是当今美国的头号致命杀手。压力甚至还会令人上瘾。在极端的应激反应中，人体会自然产生内源性阿片肽，产生类似吗啡和海洛因的作用。在一些实验中，当研究人员对已经习惯高压的动物对象停止施加压力时，它们会出现戒断症状，这表明它们对压力具有化学依赖性。如同高速列车般快速运转的现代社会也同样具有争议,因为它正把我们变成不折不扣的"压力狂"。

一家公关公司的负责人曾经告诉我,他花了二十年的时间才最终意识到,人们最想要的是健康、财富和爱。我认为他是对的。我们不希望罹患心脏病、中风和癌症;我们想在事业上取得成功,赚到很多钱;我们追求幸福,享受家人和朋友的关爱。大脑网络(又称神经网络)原本可以帮助我们实现这些积极结果,而过度的压力却抑制了它的正常运转。

但请不要因此感到紧张。因为关于压力,接下来有个真正的好消息。有种方案可以重塑你的大脑,让它能够完成自己的使命,让你在生活中每个重要的方面都能收获颇丰。本书便是对这种方案的全面解读,而比这个好消息更加鼓舞人心的是,找到解决方案的途径实际上非常简单。本书会介绍一套几乎任何人都可以学习和应用的方法。你可以将这些方法融入自己的日常生活之中,而且几乎不会给你带来任何额外负担。事实上,平息压力反应和增强大脑的高级功能都是为了令你的理想和目标得以实现。

你要学习的几乎所有方法和步骤都是经过研究或临床经验证明过的。这本书来自我多年工作经验的积累,首先是作为国际态度治疗中心(ICAH)的主任,这个机构在应对灾难性生活事件方面开创了许多前沿方法；之后是作为ProAttitude 的执行合伙人，这家人力绩效公司致力于缓解工作压力相关的咨询服务。

在 ICAH 期间，我们在全世界压力最大的地方工作。这些地方包括癌症和艾滋病病房，失去孩子的父母互助小组，关押无期徒刑犯人的监狱，波斯尼亚种族灭绝战争后充斥创伤后应激障碍人员的难民营。该机构提供的方法能够帮助人们转变态度，以减轻在这些绝境中普遍存在的恐惧和压力，ICAH 取得的成果为其赢得了国际声誉。

对工作压力的关注始于我还在 ICAH 任职的某天。那天，当今最伟大的商界首脑之一——拉里·斯图普斯基来见我。彼时拉里与查克·施瓦布一同把查尔斯·施瓦布公司（Charles Schwab & Company）提升到了前所未有的高度。由于多年来都承受着极大的工作压力，彼时拉里刚刚遭遇了一场突发心脏病，幸运的是，他从中幸免于难。他来找我，提议要资助一个智囊团，将 ICAH 的做法转变成一种模式，用来消除我们所称之为的"工作压力"。当时我觉得这有点儿难以置信，但他是个有远见卓识、才智超群的人，他相信这个目标能够实现。

此后不久，另一位具有战略眼光的商界领袖邦尼·迈耶加入了我们。邦尼是银橡酒庄的联合创始人,该酒庄让纳帕谷成为世界上最优秀的葡萄酒产区之一。邦尼也非常有信心我们能够找到摆脱压力的方法。因此我决定接受这项挑战。我召集了一个专家小组,开始着手寻找解决方案。非常幸运的是,当时科学界在压力和大脑关系研究方面取得了一系列重大突破,这有力地促进了我们的工作。

经过六年的努力,我们找到了一个解决压力的方法,它远远超出了传统的压力管理方法。然后,我们冒险进入现实世界,并将这一新方法应用于高压力状态的大型公司组织中去,取得了令人惊叹的成果。到目前为止,该课程的评价为 4.8 分(总分 5.0 分),这在任何培训中都是非常罕见的。跟预期中一样,有超过 90% 的参与者的压力水平都产生了明显的变化。而当对所学的东西进行强化练习时,他们的压力水平又会继续下降。此外,有超过四分之三的参与者在解决问题、健康状况、工作和家庭关系等方面有改善。所以我完全可以肯定:你也可以做到。

在第一章中,我将概述我们所讨论问题的要点、解决方案,以及我们为终结压力而铺设的模型。它会提供一种方法,从神经学和遗传学的角度来解释压力,并以研究上的突破来阐释解决方案。

如何运用这本书

如果你愿意尝试阅读这本书，并用它来指导你往新的方向进行转变，那么你将能够获得一个全新的大脑，此大脑会令你时时保持最佳状态，令你度过的每一天都异常美好。这本书为我们提供了一条通往健康、财富和爱的清晰道路。最近，有一名记者为一家全国性杂志写了一篇关于压力的文章，他问我："从'容易感到压力'变为'很少感到压力'的秘诀是什么？"答案并不神秘。这是个练习的问题：在六到八周的时间里，使用简单的方法和过程，来建立起克服压力的特定思维模式。当这样做的时候，你的大脑开始改变，促使你不断变得强大。这并不像你想象中的那么困难或烦琐。想要改变令人沮丧、让生活充满压力的大脑结构，必须通过学习并践行一个心愿清单（to-be list）来实现。这份心愿清单要能够精确定义你希望成为的那个人，这个定义不必更多也不能更少。每天根据这个清单进行练习，你的大脑便会逐渐自动地从压力接受状态切换到情绪平稳、头脑清晰的运行方式，即使是在承受巨大压力之时也不例外。这样一来，高级大脑网络就可以保持在最佳水平上运作，进而增加你在重要事情上的成功概率。

本书正是要引导你经历这种变化。这本书的初衷并非让你在几天内从头到尾迅速读完。相反的,这是一个引导性的过程,需要你循序渐进,就像参加培训研讨会一样。这些章节为所描述的方法提供了背景和科学依据。在每一章的最后都介绍了每种方法使用的逐步过程。有些方法还提供了相应文件,你可以下载该文件来指导你使用该方法。

在每一章的末尾,我还分别加了一个叫作"本周练习"的部分,用以分配需要你跟进练习的任务。读完这一章后,请不要着急跳到下一章。相反,先花几天时间使用一下我教给你的方法——我建议一周使用五天。当你练习时,回顾你刚读过的一章,提醒自己为什么练习很重要。持之以恒的练习能使大脑功能发生最大程度的变化。你练习得越多,就越容易发生改变。最终,你将能够达到一种境界,在压力反应迅速扩散开始之前就将之消除。

四个步骤

这本书将通过四个步骤来对你进行引导。首先,它们将让你建立起觉知,以实现从压力到放松的转变。之后,它们会帮助你掌握转变所需要的方法和步骤,好让你不仅能够维持，而且更能够扩大这种转变，这样你才能挖掘发挥出自己最大的潜力。

第一步：保持觉知——有意识地认识并解除压力

在第一阶段，你将开始更好地了解自己的压力模式，以减缓压力反应，并开始选择转向内心的平静。

第二步：做出选择——选择能够改变大脑的思维方式

在第二阶段，你将学习并实践一套特定的原则，从而做出有利于大脑产生积极变化的选择。

第三步：超越压力——充分发挥大脑潜能的关键

到了第三阶段，你已经可以熟练地超越压力。在没有毒性应激激素的情况下，高级大脑开始愈合和扩张，使你能够去实现大脑更多的内在潜能。

第四步：坚持不懈——持之以恒

本书会让你接触到许多已经验证过的有效方法，每一种都有助于你做出同样的改善——远离压力。在阅读和练习过程中，你可能会更倾向于使用某些方法。在运用本书的最后一步，你可以将对自己最有用的方法整合到独立的实践中去，以便继续学习与改进。

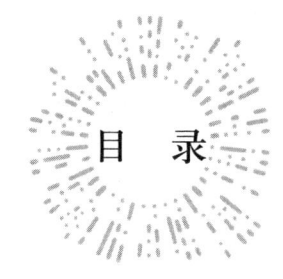

目 录

第一步 ▽ **保持觉知——有意识地认识并解除压力**

1. 为何要摆脱焦虑：在高压之下实现高效工作与幸福生活 / 002
2. 压力评估：警惕身心发出的求助信号 / 022
3. 最佳状态：你希望活出怎样的自己 / 038
4. 消极情绪的根源：深埋于心的恐惧感 / 060

第二步 ▽ **做出选择——令大脑发生转变的思维方式**

5. 熟能生巧：勤加练习提升神经可塑性 / 072
6. 保持平静：全心投入工作与生活 / 080
7. 提升控制感：无惧外界的噪音干扰 / 098
8. 给大脑放假：如何快速恢复精力 / 118

I

第三步 ▽ **超越压力——充分发挥大脑潜能的关键**

9 提升大脑创造力：让左脑休息，右脑自然浮现创意 / 126

10 修复大脑损伤：享受彻底放松的休假很重要 / 154

11 成就完整自我：摆脱羞愧，发现自己的优势 / 162

12 建立积极关系：减少评判，学会原谅 / 188

13 暗示的力量：心想则事成 / 205

第四步 ▽ **坚持不懈——持之以恒**

14 整合汇总 / 220

结语 / 226

致谢 / 231

附录 / 233

第一步

保持觉知
——有意识地认识并解除压力

1

为何要摆脱焦虑：
在高压之下实现高效工作与幸福生活

美国心理协会（The American Psychological Association 以下简称"APA"）每年都会进行一项名为"压力在美国"的调查。这项调查被认为是目前为止最好的国民压力晴雨表。在最近的调查中，APA的结论是：此数据"描绘了一幅由高压及无效应对组成的混乱画面，无效应对似乎已根深蒂固地存在于我们的文化之中，令我们的后代持续处于不健康的行为和生活方式中。"终结压力虽然任重而道远，但并非难以实现；它旨在提供打破那条枷锁的清晰路径，以彻底地解决这场危机，而这，便有赖于从你我开始做起。

在踏上这段释放压力的旅行之前，我希望你能清楚一件事：压力是大事，大到足以威胁生命。引用国家地理频道纪录片《压力杀手》中卡罗尔·希夫利的话:"它并不是未来某天你觉得似乎应该做点什么了。你必须从现在开始就做出改变。"是的,就是现在,在你因心脏病或中风被推进急诊室之前。本书所提供的技巧和流程将在很大程度上帮助你防患于未然。

我想首先分享一下我和我的专家小组对压力的研究结果。这关乎压力的严重性,其最终解决方案,以及为获得所有积极结果铺平道路的模型和方法。

在研究当中,我们了解到的第一件事是:大脑中有两个主要系统,而它们决定了你能多大程度地将自己的智能转化为现实世界的成功。

第一个系统被称为"高级大脑",生物学专业名词为前额叶皮层,大部分我们所定义的人类智能便是由大脑的这一部分产生的。正是由于高级大脑,人类社会才产生了艺术、音乐、科学、农业、工程、商业、政府等等。它也是大脑首席指挥官的所在地——在这里,大脑指挥官行使执行职能,并制订实现目标的计划和战略。执行中枢利用所有高阶认知技能,质疑认知、分析事实、适应变化、整合信息——绘制和优先组织各项工作以推动计划前进。执行中枢还会将右脑产生的创造力转化为实践创新。

高级大脑也是你人性中"好天使"[1]的居处所在,它让你能够维系积极而有建设性的人际关系,并舍弃小我利益而顾全大局。神经心理学家丹尼尔·西格尔在其著作《第七感》(Mindsight)中,将这些好天使进一步定位在前额叶区域的中部,在那里,它们协调产生数量惊人的基本技能,来促进社会智慧的生成与发展。这些天使让你能够融入社会;他们平衡你的情绪,令你灵活应对不同情况;他们还缓解你的恐惧,并促进同理心、洞察力和直觉的产生。

高级大脑的功能比以上所描述的还要多得多,可以说,它是进化史上最伟大的成就——体现在大脑皮质所产生的多元智能和天资上,它所创造出的大量古现代世界奇迹便是最好的明证。构筑高级大脑的进化过程近乎奇迹,它的发展速度在进化史上是无与伦比的,整个过程如同魔法一般神奇而不可思议。

当这个高度进化的大脑以最佳方式运作时,产生的效果令人惊叹,它让每一天都充满热情、社会智慧以及杰出的喜悦。在我上一本书《神秘之酷》(Mystic Cool)中,

---

[1] 西方文化中通常用"好""坏"两个天使来指人性中的"善""恶"两面。

我就曾尝试描述过这样神奇的一天——当高级大脑的光辉激发出天才之念，也会让你相信自己可以无所不能。在书中，我写道：

"我们每个人都在努力做一些有意义的事以扩展自己的能力，在此过程中，我们会不时地体验到天才之念（由高级大脑所产生）的荣耀。在做某件事情时，通常所见的需求、压力和怀疑风暴可能一开始就已经呈现，但是经过一些微妙的转折，你成功地躲过了风暴而找到风眼，在那里，以结果为目标的压力，转化成以卓越为目标的挑战。当你最终安顿下来时，一袭智慧之光倏然闪现，将你卷入它那无法抗拒的潮流之中。你的头脑变得清晰，做事的着力点也变得精准。时间似乎静止了。你感到异常兴奋，并能够融会贯通、集中注意力、保持充沛的热情和精力。渐渐地，你开始对手中的任务表现出惊人的掌控力，在关注细节的同时，还完美地把控了全局。所有的拼图都轻松地自然归位，就好像原本散落的点在自动连成线。随着更大可能性的出现，你对整体的掌控感进一步得到了提升。这种工作方式一点儿都不像是在工作，相反，它变成了一种有回报的喜爱之事。"

古希腊人称这种体验为"joy"（快乐、喜悦），它的产生完全依赖于一个功能完善的高级大脑。积极心理学之父米哈里·契克森米哈（Mihaly Csikszentmihalyi）说："一旦尝到了这种快乐的滋味，我们便会加倍努力希望再次体验它。这就是自我成长的方式。"这也是高级大脑进行网络整合和扩展的方式。

第二个系统是次级大脑或称原始大脑，它实际上会抑制你成功的潜力。次级大脑是应激反应系统的所在地。而应激反应系统以及大部分原始大脑，都由大脑的恐惧中心——杏仁核控制。杏仁核控制着诸如痛苦、好斗、焦虑、抑郁等消极心理状态，并在"战斗—逃跑—僵住"的所有相关情绪中起着重要作用。

杏仁核不能区分真正的危险和你所误认为的威胁。它的智能是反应性的，而不是分析性的。只有面临新的体验时，它才会邀请高级大脑的介入以评估潜在威胁的可能性。当神经系统感受到任何威胁时，一种反应信号会被发送到丘脑（一种神经交换板），继而再传送到杏仁核，以激活攻击或防御组织。从威胁到恐惧的反应过程如闪电般迅速，它类似于膝跳反应，整个过程在无意识状态下就已完成。杏仁核是一个生存系统，这意味着它不会冒险。它的座右铭是"犹豫的人会死掉。"因此,它的程序设置是先斩后奏。当真的危险出现,比如路上盘绕了一条响尾蛇,杏仁核的反应速度会增加人类个体存活的概率。

远古人类生活在野外,因而闪电反应对生存至关重要。如今大多数人类已经不再生活在野外,而是处于文明社会环境的安全范围内。在这样的环境中,"战斗—逃跑—僵住"的反应会给我们带来麻烦。"恐惧至上"的杏仁核会让我们产生错觉,把威胁解读成实际不存在的状况。这种倾向便是"情境性恐惧条件反射"所造成的结果。

纽约大学的约瑟夫·勒杜克斯在他的开创性著作《情绪大脑》(*The Emotional Brain*)中就描述了条件化情景恐惧。他发现,如果把一只老鼠放进一个盒子里,对它进行电击的同时播放某种声音,如此几次,老鼠就会形成恐惧的条件反射;在那之后,这种声音就会触发恐惧反应。而老鼠也会对盒子产生恐惧条件反射,因为盒子代表了电击创伤发生的背景。因此即使没有播放声音,仅只是把老鼠放回盒子里,也会引起它的应激反应。

这项研究揭示了在强烈的压力下,杏仁核是如何储存我们周围发生的一切信息的。事实上,我们过去所有的创伤都储存在大脑的一个区域,这通常被称为情绪记忆。情绪记忆是退伍军人创伤后应激反应的核心问题。当杏仁核发现其中一个或多个储存的元素与当前评估中的某个元素相匹配时，就会引发某个闪回或记忆，从而触发"战斗—逃跑—僵住"模式。杏仁核在玩一种类似"听音辨曲"的游戏，而且这种游戏不断发生。杏仁核根据它所储存内部的创伤性记忆特征，来解释当前发生在外部的事情，然后相应地指导我们的情绪行为。例如，我们会不喜欢、害怕，甚至攻击某人，因为杏仁核会把这个人的某种特征与过去伤害过我们的人联系在一起。

曾经在某次重要的商务会议上，我对一位提供重要信息的顾问嗤之以鼻、不屑一顾。事实上我刚认识这位女士，和她没有任何私人关系；而我也并不是个刻薄或粗鲁的人，所以我很难解释自己的所作所为。可以看出那位女士已经在尽力挽回不愉快的局面，但并没成功。在场的人包括她自己在内都很清楚，我不喜欢她，也不相信她所说的话。直到很久以后，某次我独处的时候才突然意识到，那位女士的外形和举止很像是多年前曾给我带来巨大痛苦的一个人。这才是那场会议上我表现出那些行为的根本诱因。情绪记忆被激活到如此高的程度，以至于我无法记住那位顾问到底说了什么。情绪化的大脑让我只关注对这位女士的不喜欢,而对她所说的话充耳不闻。

当杏仁核将目前的状态与储存在情感记忆中的不安联系起来时,事情可能会变得更糟,它将导致我们做出与最初威胁有关的反应,而这种反应在目前的情况下是完全不合适的。这实际上是拿过去取代了现在,因此心理学家才会说,你沮丧的原因往往并非你所想的那个。如果你的高级大脑辨识到消极模式,它就会介入控制情绪反应,但这需要付出巨大的精神努力,代价是要对当前发生的事情保持理智和专注。你基本上就会挣扎在试图控制内心的消极情绪,而不是控制周围发生的事情。你无法创造性地解读当前形势,无法做出建设性的决定,也无法从新的信息中学习经验教训。如果控制情绪反应的尝试失败了(通常会是这样),你就很可能会做出日后会后悔的某些行为。

请不要误会:实际上低级大脑所起的作用越多,你的压力就越大;你的压力越大,心理负担就越沉重。内布拉斯加州大学的韦斯利·西姆对人类行为进行了开创性研究,他得出的结论是:"压力越大,你做出错误决定的可能性就越大。"这种情形下,沟通会减弱,攻击和逃避行为会阻隔你的协作能力,而压力产生的对模糊性的不容忍会破坏你解决问题的能力。西姆发现,在压力大的环境中,生存目标往往会取代长远思考，使你更有可能采取冒险的替代方案。

这距离最佳表现还差得很远。当某人还在气头上，决定向公司全体员工发送一封带有指责性、攻击性的电子邮件以发泄情绪时，可以肯定的是，低级大脑已经成为行为主宰。而这种行为通常会进一步刺激部门中其他人的低级大脑，要么与发起电子邮件的人串通，要么反击。接下来工作环境中便充斥着各种消极情绪，而这会削弱公司士气。这一切都归咎于杏仁核的作用。

公司雇佣重要员工时，他们实际上是在雇佣那名员工的高级大脑，希望它能充分发挥作用，产生成功所需的智力水平。但如果把大脑放在一个高压的环境中而不教它如何克服压力，压力荷尔蒙就会抑制大脑的能量。长期处于压力状态意味着应激反应系统几乎完全开启，持续释放出一系列有毒激素，令大脑变得难以处理复杂任务。

事实上，四分之三的员工每周至少会因为某件事而感到压力，而这其中又有三分之一的员工压力最大。这些数字代表着一个组织的脑力损耗，这种损耗类似于电力的限制。那么试问：如果电力能够恢复满格，一个组织将会获得多大的竞争力和成功？

此外，抑郁和压力是同时存在的。百分之八十的抑郁症爆发之前都经历了重大压力事件，导致压力激素的不断积累。这会击退大脑中令你处于最佳状态的化学物质。梅奥医学中心的两例 PET 扫描结果显示了抑郁对大脑功能的影响。一个扫描显示了被抑郁症困扰的大脑，另一个扫描则显示了一个活跃的健康大脑。健康大脑的扫描结果，看起来就像你在黑暗的夜晚飞越大都市上空时看到的景象一样，会有大量光线；而抑郁的大脑扫描结果，则像是飞越空旷乡村时看到的昏暗灯光。两者之间的差别非常巨大，它揭示出压力激素会导致大脑活动显著减少。亮起的扫描图代表了，当公司副总裁为部门的重要职位招募候选人时，她所希望聘用到的大脑；光线暗淡的扫描图，则是一个没有学会如何克服压力的人可能呈现的大脑形态。从神经学上讲，长期处于压力状态下的大脑根本无法维持日复一日的最佳表现。

压力是大问题

正如我在本章开头所说，压力是严重的事情。它严重到足以威胁生命，而不是个你应该等待解决的问题。然而不幸的是，大多数人并没有意识到这一点。调查显示，虽然几乎所有人都认为压力会使我们变得不健康、效率低下，但83%的人（比例高得惊人）对此并没有采取任何应对措施。

为什么人们不重视压力？那是因为人们及公司对此都放弃了。他们会把压力当作新的常态试着向高管推销减压计划，然而接手的高管很可能会痛苦不堪地加以回避。这种冷漠态度恰恰出现在为减压而花费数百万美元的公司里，因为到目前为止，它们所采取的减压计划还没能真正起过作用。事实上，在过去的三十年中，传统的压力管理一直保持旧模样，但整个社会的压力水平却已经飙升了30%。

如果你存在压力问题，那么这与遗传因素及痛苦经历把你塑造成一个过度活跃的压力反应系统有很大关系。所谓"痛苦经历"，部分是因为父母也遗传了同样的压力易发基因，而这可能会导致充满压力的童年。越来越多的研究表明，压力更多地与基因编码有关，而不是与一个人的工作有关。圣母大学的蒂莫西·贾奇博士研究了594对双胞胎，包括同卵双胞胎和异卵双胞胎。他们中有些是一起长大，有些则是分开长大。贾奇发现，在他们与工作的关系方面，共享基因的影响力是工作本身影响力的四倍。这表明，工作压力与基因的关系比研究人员曾经认为的要大得多。两个人可以在同样的条件下完成相同的工作，但每个人在工作中的经历却完全不同。一个人可能会感到压力巨大，情绪低落,讨厌这份工作;而另一个人却工作得很快乐,一整天都感到非常轻松。

"这意味着,"贾奇博士说,"与其说压力与客观的环境特征有关,不如说与个体的基因'密码'有关。"这解释了为什么传统的压力管理会失败,因为它往往将压力解释为由外部条件导致的行为问题;而事实上,与压力有关的行为与大脑构造密不可分。通常,它们以潜意识的方式发生,因此任何解决压力问题的方法都需要重新构筑大脑。神经科学就是在这里碰壁的。一百年来,科学认为大脑的结构是固定的:换句话说,大脑是不会改变的。这样一来,如果你生来就有个极度活跃的压力反应系统,使你成为一个悲观主义者,那么你的一生可能就会在抱怨中度过。

但科学这次错得很离谱。事实证明,大脑的可塑性很强。研究表明,即使是失明,通过改变大脑构造都有可能实现至少部分视力的恢复。大脑可以对其固定结构进行物理重组,使人在中风时失去的活动能力得以恢复。当涉及一个为压力而构建的大脑时,你可以通过改变自己的态度来重新连接这些大脑神经网络。事实就是这样!这叫作神经可塑性,也是本书为你提供的压力解决方案。

人们早就认识到态度对一个人成功能力的影响。托马斯·杰斐逊说:"没有什么能阻止有正确心态的人……也没有任何东西能帮助持错误心态的人。"现在我们明白了杰斐逊的话是有神经学基础的。正确的心态正是肯定了神经可塑性,它会加强、扩展和激活实现目标的神经网络;而错误的心态所产生的压力激素却在真正意义上缩小了这些神经网络所控制的范围。

多年来,在各种线下和网络研讨会上我都曾问过参与者,是否相信人们可以摆脱压力。大约90%的人都说不相信。然而,当我问他们,是否认为人类可以通过态度转变来改变他们的生活感受时,几乎每个人的回答都是肯定的。大多数人不理解态度和压力之间的紧密联系,但是态度与大脑改变压力反应,以及扩大脑容量的能力之间有着直接的联系。这是一个非常简单的算法:态度的转变会改变生活体验,从而改变你的大脑结构。

让我们深入研究一下,以便弄清楚那到底是什么意思。是否能产生新的生活体验取决于你的态度;是态度塑造了我们的体验。改变你的态度,从批判到同情,从防御到开放,你对周围人的看法与感受会随之改变。改变你的态度,从悲观到乐观,你会用不同的眼光看待问题;它们会变成你乐于接受的挑战,而不是你避之不及的麻烦。新态度甚至可以帮你找到应对挑战的解决方案。改变你的态度,从担心、怀疑到自信、坚定,你将以一种全新的方式体验自己的生活。改变你的态度,从恐惧到平静,你就会摆脱压力。从生物学上讲,没有恐惧意味着没有压力反应。如果每天都练习往这个基本方向改变自己的态度,那么在短短的四到八周内,你的大脑就会重新连接成平复压力模式,并增强高级大脑的功能。

态度会以致命的方式影响并构筑你的大脑,态度的改变会重新构筑大脑来拯救你,如果你对此仍心存怀疑,那么请想象一下:压力、态度和染色体健康之间有着直接的联系。染色体中包含重建和修复我们身体的基因,它们被一种名叫端粒的有机结构所覆盖。端粒有助于保持染色体的健康和正常。它们起作用的方式与用胶带把磨损的绳子两端绑在一起的方式大致相同。如果这些端粒退化,我们的染色体会进行重新排列并产生异常细胞,而这些细胞可能导致癌症。此外,磨损或缩短的端粒会加快健康细胞的衰老,导致一系列与衰老相关的疾病,进而缩短人的寿命。

那么是什么导致了端粒的磨损和缩短?答案是压力激素。压力激素会使端粒缩短,而端粒的长短直接关系到所承受压力的大小及时间长短。来自旧金山加利福尼亚大学的神经心理学家艾丽莎·艾培尔和诺贝尔奖获得者伊丽莎白·布莱克本对照顾严重残疾儿童的母亲进行了研究。这些女性的日常压力大到难以想象的程度，研究发现，其中很大比例的女性都有端粒缩短的现象。研究发现她们的血细胞有超过十年的额外老化，而布莱克本说这实际上还只是个保守的估计。但并不是所有这些母亲的端粒都缩短了，有些母亲培养出了积极、平和的态度，她们的端粒仍然完整并支持着健康的染色体。因此，她们很可能会活得更长、更健康。"我的心态很好，"其中一位母亲说："因为那就是我要做的。好的心态就是我的目标。因为如果我连个好的心态都没有，谁还会愿意和我说话？"她接受了自己无法改变的事实，并迎接了改变自己的挑战。她所培养的态度超越了自身境遇，因此她的端粒仍然完好无损。

洛杉矶加利福尼亚大学的史蒂文·科尔博士说："我们对生命意义和目标的体验是反复出现的主题，而这些似乎都与有利的分子变化紧密相关。"越来越多的证据显示，从大脑结构到染色体，人体生理结构是由你的精神状态决定的。

更令人惊奇的是，态度的改变只需要相对较少的时间就可以使你的身体发生积极的变化。"用两到三个月的时间,改变你对世界的看法及处事方式,"科尔博士说:"就足以在分子水平上产生显著的影响。"对于上文提到的那些母亲来说,世界可以定义为她们永远无法完全控制的所有状况,而态度则是她们唯一可以完全控制的东西。对于那些培养了积极、平和态度的母亲来说,这便令一切变得不同——无论是在生理、心理还是精神上。

此外,加州大学欧文分校爱德华·纳尔逊的研究表明,受损的端粒可以得到修复。在一项对宫颈癌幸存者的研究中,纳尔逊博士发现,当患病妇女参与减少压力反应的心理咨询时,她们的端粒长度会增加。

我们每个人都想活得更长寿、更健康、更幸福。以上所提及的科学发现已经证实,这一切都是从你的态度开始的。"态度决定一切"的格言不仅仅是某个激励海报上的标语,而是迈向更好生活的一剂良药。

从恐惧到平和

态度的转变会对神经可塑性产生强大影响,从而促成由恐惧到平和的根本转变。这被称为积极的神经可塑性,它是美好生活的关键,而美好的生活意味着健康的身体及其他各个层面的成功。这本书并不是从精神的角度,而是从神经学的角度来为你分别呈现恐惧与平和的。

从神经学上讲,恐惧是引发压力反应的导火索。恐惧即害怕危险。对现代人来说,很少有压力反应系统是由一种真实存在的危险——例如响尾蛇准备咬你一口产生的。更常见的是,压力反应是由心理恐惧引起的,这种恐惧会把一条盘绕的绳子错当成蛇。"人类太聪明了,聪明到单凭某些想法就可以在头脑中产生各种压力事件。"斯坦福大学医学院的罗伯特·萨波尔斯基这样写道。这些想法会激发令人不安的情绪,产生威胁感,使大脑和情绪陷入混乱。简而言之,你会用你的思想把自己逼迫到充满压力的角落,而想要走出困境,首先就要意识到这种将你困住的心理模式。意识在大脑中创造了一种中断模式,会使事情暂停片刻,并给你机会选择一个更积极的行动方案——令你保持内心平静的方案。当你将紧张的思维模式安全地带入意识中,在那里它所产生的幻觉就会被挑战和消除,使新的记忆形成,进而抑制旧的条件性反应。有意识的觉察会激发一种神经的形成过程,令一条由 γ-氨基丁酸(GABA)纤维构成的特定神经通路得到加强。这种神经通路会投射到杏仁核,即大脑的恐惧中枢,并分泌肽来抑制恐惧反应:没有恐惧,就没有压力反应。而正如我们所看到的,没有压力反应，便没有脑力丧失；于是高级大脑进入工作状态，可以帮助你做出明智的选择。事实证明，在神经学上，内心的平静是最明智的选择，因为内心的平静有助于大脑产生积极的化学反应，形成促进智力的结构状态。

压力一旦终结，平和就随之而来。让我们用神经学的术语来定义平和。就你的大脑而言，平和代表着神经网络连接并一起点亮，当陷入困境时它会令你保持平静，使你能够无所畏惧地直面问题，理智地做出分析，找出创造性的解决方案，并在特定的情况下做出最佳的选择或决定。本质上，无压力是一种充满活力的平和心态。试着练习将你的恐惧转变为平静，几周后，就会产生神经系统的积极变化。

这种从恐惧到平和的转变是通过践行"简单的原则"来实现的。它是对恐惧加以释放；它是拒绝相信忧虑、悲观和一切引发压力的想法。它是活在当下，就在此时此地，充实地度过生活的每一刻；它是相信生活的规律，改变你能改变的，接受你不能改变的。它是开放、诚实和灵活。它是根植于真实的自己，而不是去追求你或别人认为你该成为的样子。它是对自己有信心。它是用目标感去追求你所热爱的东西，并永远期待积极的结果。它是对出现在你生命中的人们积极、无条件地尊重和同情。它是对人们多一些倾听，少一些评判，多一些原谅和友善。

把这些原则说成"简单"，并不是说它们很容易实现。但这也并不代表它很难。就像花园一样，原则需要培养。即使培养其中的一些品质，它们最终也会聚集在一起，形成一种充满活力的平和态度。为自己的日常生活赋予一种积极的平和态度，在几周内，这种新的态度将影响你的神经网络，改变你的大脑结构，让你的努力产生更多的成功，让你从工作中获取更多的乐趣，从人际交往中收获更多的爱；你的每一天将更加宁静，生活如沐春风。

我和我的智囊团综合所有这些发现，建立了一种模型，教人们如何基于认知、情绪和态度来增强神经的可塑性，进而摆脱压力的困扰。这个训练模型会教授你一整套的方法和过程，并将它们逐渐融入你的日常生活中。这项训练将持续八周，这也正是反映出神经可塑性所需的时间。本书把这种训练模式重新配置成了一个你可以很容易遵循的程序。依照这些方法和步骤进行训练，你的大脑就会开始做出改变并最终令你摆脱压力，而你所需要的时间长短取决于你练习的程度。如果你不练习，这本书的信息只是为你描绘了一幅美丽的景象；若你将这些方法和步骤运用到日常实践中去,你将登上山巅,最终将这美景一览无余。

练习就是不断地迈出正确的一步,直到你的脚步会毫不费力地、几乎自动地把你带向你想去的方向。你现在明白了平和在神经学上的重要性,以及它引起大脑功能改变的能力,从而为你带来最佳的生活体验——无论是在职业生涯、个人生活和还是自我实现中。说到底,内心的宁静才是生活中最重要的。

实践的过程需要严格克己,严格克己就是记住你想要的并选择它。你越是去选择它,自己变平和的目标就越容易实现,因为平和会使一切都变得容易。从压力到平和的转变,是从感觉不好到感觉活力健康的能量转变。这是种精神上的转变,从感到忧虑、迟钝、隔阂到明朗、欢欣和共鸣。

那么就让我们开始吧。如果你还没有阅读引言中的"如何使用这本书"一节,请现在就阅读。如果你已经读了,请翻到第二章开始第一步,它通过将你的压力模式带入到更高的意识水平来促进神经可塑性的改变。

2
压力评估：
警惕身心发出的求助信号

摆脱压力的第一步是建立起对自身压力模式的认识。首先，要对你目前的压力水平进行自我评估，揭开压力使你难堪的部分是改变的第一步。引起压力的行为往往已经潜移默化地成了你的日常习惯，因此很难将它们看作是压力。正如艾伦·瓦茨曾经说过的"通常情况下，对于自己忽视的东西，我们并不能看到那是一种忽视"，而那些我们看不到的东西可能会蒙蔽我们。

一位心脏病专家曾告诉我，很多刚刚从心脏病中康复的病人会说"我不知道我有那么大的压力"，尽管这些人大多数都从事高压性工作，每周都工作五十到六十个小时，而且多年来从没有真正休过假。对于如此紧张的生活，人们可以变得如此适应，适应到那似乎是正常的。有些人甚至把压力当作荣誉的象征。他们把自己看作是战士,在家庭和工作中有效地管理好日常需求和压力,直到突然有一天,他们的脸因急性缺血性中风而下垂,或者突然感到胸口疼痛、呼吸困难。这位心脏病专家朋友说,如果十分幸运的话,这些人的症状会自行消退,但会敲响警钟,让你的反应慢下来;但如果真的不走运,他们就会患上中风甚至死亡。

这本书旨在帮助你成为幸运的那部分人。而这一切都是从意识到压力的迹象和症状开始的,这样你就不会被蒙蔽了。

下面是一张压力评估表格。我建议你现在就去做,选择最能反映你最近生活状况的那一项。确保你的答案是最新的(能够反映过去一周或一个月内的状况),慢慢选,并对自己完全诚实。即使我们不喜欢某些我们曾忽视的东西,但当事实从黑暗中被带到光明中时,它会带来帮助。在黑暗中,不愉快的事实往往折磨和破坏我们。但在光明之下,它们变成了一种恩典,向我们揭示需要学习和改变的东西,更好地去生活、去爱以及成功。

表格中的每一种描述都反映了压力的迹象或症状,你钩选其中多少项都没关系,这并不是像对待病患一样对你进行诊断打分。这是一种自我评估，能让你感觉到压力对你的生活有何影响。它也会增强你对不同压力表现方式的认识，因为以前你很可能没有把一些现象视为压力。当你去看结果的时候，最重要的是你愿意清楚地看到在自己身上出现的信号和症状，并认识到每一种信号和症状是如何阻碍你的。

做完评估后，把你钩选过的项目以对话的方式读给自己听，就好像你在向一个值得信任的朋友描述自己的压力状态。用这种方式回顾压力评估的结果，你将清楚地知道压力给你的生活带来的麻烦。

压力评估表	
·我从以前喜欢的活动中得到的乐趣越来越少。	·大部分时间我都感到很累，有时甚至是精疲力竭。
·我做决定时犹豫不决。	·我很难入睡，因为无法让自己平静下来；或者我总是睡太多，不愿起床。
·我的记忆力和注意力不如以前。	·我对自己处理个人问题的能力信心不足。
·简单的事情都让我觉得有负担或感到很难完成。	·有时我感到崩溃，觉得自己不能控制好生活中那些重要的事情。

续表

压力评估表	
• 我脾气变得不好，我更加不耐烦、紧张，更容易沮丧或生气。	• 我经常忘记一些小事，例如把钥匙放哪了。
• 我感受到很多不安的情绪，如恐惧、偏执、沮丧、担心，或更多、更久地感到悲观。	• 对于控制不了的事情我时常忧心。
• 我更多地批评自己的另一半，总是抓住我们关系中的缺陷不放；我跟伴侣更经常地争吵，并把问题归咎于对方。	• 有时，我的激动或沮丧会达到用拳头猛砸桌子、扔东西、大叫或以类似方式表现出来的程度。
• 我变得不太爱跟人打交道了。我发现自己希望别人包括家人和朋友，不要再打扰我。	• 我的"性"趣减弱。
• 为了应对自己的情绪状态，我吃得更多；或者有时又没有胃口。	• 我生病的次数比预想中要多，不是感冒就是发烧。我担心或已经存在严重的健康隐患。
• 为了缓解压力，我吸烟、喝酒或类似的不良习惯越来越多。	• 我有紧张性头痛；有肠胃问题；背部、颈部或下巴肌肉紧张；或以上所有。

做完以上的评估后，选出你自认为最能反映你压力水平的描述：

☐ 压力极高　　　　　☐ 压力很低
☐ 压力很高　　　　　☐ 没有压力
☐ 压力中等

这些现象背后的神经性问题

以下的描述（粗体）对应着压力评估表中的内容，来自一个典型有极端压力感受的人的压力评估案例研究。每一项描述之后是它背后的神经生物学解释，用来说明这个问题是如何影响大脑的。

我从以前喜欢的活动中得到的乐趣越来越少。

神经生物学的解释：当压力很大或长期持续时，一种叫作肾上腺糖皮质激素的压力激素与大脑中血清素接收器相互作用，这会妨碍我们体验快乐和保持动力。血清素水平持续失衡会令大脑产生可导致抑郁的化学物质。

我做决定时犹豫不决。

神经生物学的解释：一次不可控的压力发作会在几天内损害老鼠的决策能力，使它们无法确定两种奖励中哪种收益更大。此外，压力越大，我们做出错误决定的可能性就越大。

我的记忆力和注意力不如以前。

神经生物学的解释：急性心理压力会降低工作记忆和前瞻记忆，使神经资源从执行功能网络中重新分配。也就是说，压力会导致记忆衰退和注意力不足，并使得高级大脑网络无法执行原有计划。

简单的事情都让我觉得有负担或感到难以完成。

神经生物学的解释：压力激素会造成认知能力下降。当认知能力下降时，即使是简单的任务也会变得难以掌控。此外，在处理任务时，压力还会阻止我们寻求新的解决方案，即使旧方案已然不奏效。当大脑处于压力之下并重复去做毫无成效的事情时，行为往往会习惯这种模式，这最终导致我们完全放弃这项任务。

我脾气变得不好，我更加不耐烦、紧张，更容易沮丧或生气。

我感受到很多不安的情绪，如恐惧、偏执、沮丧、担心，或更多更久地感到悲伤。

神经生物学的解释：压力与恐惧密切相关。当我们害怕自己有危险时，大脑就会转换到生存模式。杏仁核是大脑的恐惧中心，它会激活"战斗—逃跑—僵住"模式，从而将大脑的情绪设定值转换为负数。我们变得好斗、易怒或心怀戒备。进化论认为，在面临威胁的情况下，采取敌对立场是比平和仁慈更好的生存策略。当然，如果我们面对的是一只灰熊，这是完全正确的。但如今几乎没有人会受到野生动物的威胁。我们陷入急躁的情绪状态，是源于对通常不存在的威胁进行的想象和强调。

我更多地批评自己的另一半，总是抓住我们关系中的缺陷不放；我跟伴侣更频繁地争吵，并把问题归咎于对方。

神经生物学的解释：加州大学洛杉矶分校的本杰明·卡尼进行了15年的研究，发现压力越大，我们对家里的正常起起伏伏就越敏感。压力越大，我们和伴侣就越会争吵、批评、责备，令彼此之间的感情产生隔阂。我们更倾向于认为这段关系是消极的，并把问题归咎于我们所爱的人，而没有意识到是压力扭曲了我们看待彼此关系的方式。此外，压力激素还会降低性欲，加剧我们与伴侣间的相互疏远。

我变得不太爱跟人打交道了。我发现自己希望别人包括家人和朋友，不要再打扰我。

神经生物学的解释：当人们长期处于压力状态时，就会倾向于孤立自己。事实上，社会孤立在人们无法应对压力方面起着重要作用。特别地，A型人格的人承受着极大的压力，在一天紧张的工作结束后，他们很少或根本得不到社会支持来缓解压力。实际上他们倾向于逃避支持。

为了应对自己的情绪状态，我吃得更多；或者有时又没有胃口。

神经生物学解释：压力使大约三分之二的人吃得更多，而三分之一的人则吃得更少。糖皮质激素是刺激食欲的应激激素，从血液中清除糖皮质激素需要数小时。而在那段时间里，通常薯片、软饮和巧克力饼干就已经下肚。

为了缓解压力，我吸烟、喝酒或其他类似的不良习惯越来越多。

神经生物学解释：压力激素会导致药物滥用，并在戒酒后引起更大的复发概率。

大部分时间我都感到很累，有时甚至是精疲力竭。

神经生物学的解释：在紧张的一天里，大脑的压力反应系统几乎是不间断的。压力激素被注入血液系统，进而加快心跳和呼吸，激活交感神经系统。交感神经系统进而引发"战斗—逃跑—僵住"模式。这个系统会消耗太多能量，让我们变得疲惫不堪，直到最后感到精疲力竭。

我很难入睡，因为无法让自己平静下来；或者我总是睡太多，不愿起床。

神经生物学解释：研究表明，睡眠不良者血液中的压力激素水平往往较高。如果白天特别紧张的话，我们晚上就会很难入睡。压力激素不仅会减少睡眠总量，而且会损害睡眠质量，结果是第二天回到工作岗位时，我们的精力甚至比前一天还要少。

我对自己处理个人问题的能力信心不足。

神经生物学的解释：对于认为以上大部分或全部描述适用于自己的人来说，他们也会感到无法处理个人问题并不奇怪。当大脑出现这种程度的故障时，人们当然会对自己处理问题的能力产生怀疑。压力激素的累积使我们感到抑郁，而这会降低自尊，令我们失去大脑中能够掌控局面的化学物质。

…… ……

所有问题都可以改变！

所有这些问题都是可以逆转的。在接下来的章节中，你将学习如何建立一种超越压力的态度，确保健康和幸福的同时，完善你的大脑以使其充分发挥作用。你刚做的压力评估并不是一成不变的。这是一个方法，随着时间的推移，你可以用它来衡量自己在缓解神经压力问题上的进展。追踪自己的进步会成为一种巨大的动力。

下面是有人学习如何应对极端压力的例子。列出的项目代表了她可能在初次压力评估时钩选过的问题。这些问题的减轻是实践本书中所描述方法和步骤的结果。透过这个例子你可以看到，经过这些方法的练习，你的生活可以一周一周逐步得到改善。

两周后：最初钩选的以下四种问题将不复存在

- 对于控制不了的事情我时常忧心。
- 我脾气变得不好，我更加不耐烦、紧张，更容易沮丧或生气。
- 我感受到很多不安的情绪，如恐惧、偏执、沮丧、担心，或更多更久地感到悲伤。

- 有时，我的激动或沮丧会达到用拳头猛砸桌子、扔东西、大叫或以类似方式表现出来的程度。

当这四项不再被钩选时，她现在会更加能够意识到那些引起压力的想法，并积极努力不去相信那些想法。这样一来，她就不再那么担心，也不那么容易出现旧日的烦恼。这种积极的情绪变化形成了一种更大的自制能力。她开始能够感到自己更平和了。

四周后：最初钩选的以下四种问题不复存在

- 我从以前喜欢的活动中得到的乐趣越来越少。
- 我做决定时犹豫不决。
- 我的记忆力和注意力都不如以前。
- 大部分时间我都感到很累，有时甚至是精疲力竭。
- 我很难入睡，因为无法让自己平静下来；或者我总是睡太多，不愿起床。

经过连续四周的练习，这个例子中的人变得更喜欢工作，每天都感到神清气爽，而不是分心和疲乏。随着记忆力和专注力的提高，她取得了更多的成就。她的能量水平更高，感觉到自己的活力正在恢复。她体内压力激素的下降意味着她更放松地入睡，而醒来时感觉精神焕发，而不是昏昏沉沉。

她一直坚持练习这些方法和步骤,八周后,最初的钩选项只剩下一个了。这个人在工作中处于或接近处于最佳状态。她的人际关系,无论是与家人还是朋友,都变得更加愉快和充实。建设性的习惯正在取代破坏性的习惯。简言之,她的生活通过一种有趣的态度转变而改变了,这种转变使她的大脑为美好的生活重新布线。

她基本上已经没有压力了。这种转变的关键是积极的神经可塑性。这个例子代表了普通人所能够做出的巨大转变。

信念创造事实

美国心理学之父威廉·詹姆斯说:"能改变自己的想法,就能改变自己的生活。"他说,"信念创造事实。"强化信念的一种方法是想象信念成真的情景。因此,想象一下自己的压力和焦虑的突破。花一点时间,相信你也可以做出改变,从你的压力评估清单中剔除不利的项目,利用自己的想象力使改变的可能成为现实。

- 想一下你工作时希望得到的感受。现在,想象你已经拥有了那种感受。

- 想想一天中你希望保持的精神状态。然后想象你已经达到了这种精神状态。
- 思考你想如何与同事相处。想象你已经在以这种方式与人相处。
- 你希望自己的大脑在工作时如何运转？想象一下你的巅峰表现状态。
- 每天你希望自己的身体有什么样的感受？想象你已经获得这种感受。
- 想想一天结束时，你希望如何与自己爱的人共度时光。想象你已经在家这样做了。

现在把你想象的一切都串在一起，相信它们正在实现的过程中。"信念创造事实"，所以请相信它，相信这一变化的到来。

> **摆脱焦虑方法 1**
>
> ## 平和地开始新的一天
>
> 让我们开始使用第一种方法。它叫作"平和地开始新的一天"。这个方法是一种特效药，专门用来对付清早打仗般冲出家门的状况。它鼓励你每天早上第

> 一件事就是留出五分钟，有意识地形成一种积极、平和的心态，自信地迎接一天的挑战。通常来说，平和、有意识的心态并不是人们开始一天的方式。我们大多数人都会从床上跳起来，大口喝下一两杯咖啡，给孩子们做饭、穿衣服，再收拾好自己，然后一头扎进拥堵的交通当中。这种日常习惯注定会使一天充满压力。相反的，利用平和的方法开始新的一天，有意识地唤起更积极的心态来塑造新的一天，能避免不断加大的压力。在本章末尾，你将找到使用此方法的步骤。

这个方法的核心思想古已有之。在拉丁语中，它的表述是"carpe diem"，用现代的语言翻译过来就是"抓住现在"。这个短语来自罗马的伟大抒情诗人贺拉斯的一首诗。在拉丁语中，carpe 的字面意思是"摘果实"，diem 的意思是"此时"。因此，对罗马人来说，这个短语的意思是"摘下此时，因为它成熟了"，而这个短语也从此成了许多人的信条。现代的翻译"抓住现在"也可以成为你的信条，让你每一天都有意识地去增强态度的力量。每天早上抽出五分钟安静地坐下来，摆正自己的态度，这会带来重大的改变。你可能觉得这难以置信，但我的研讨会参与者坚持把这种练习作为早间日常活动的一部分，他们反馈说，这样做了以后，一天中接下来的时间会变得顺利很多。

坚持以态度的力量来开始新的一天有其神经学上的依据。进化过程已经给大脑设定了默认的生存模式，这在我们人类生活在荒野中时是必要的，因为生存每天都是个大问题。如今，我们不再生活在野外了，但是几千年来的进化还没来得及对大脑进行升级改造。因此，当你每天醒来时，大脑的生存系统肯定仍处于警备状态，时刻准备一有麻烦的苗头就给你注入压力激素，而这99%是低级大脑对问题的错误认知。你必须有意识地重设默认值，否则这一天你注定在压力中度过。

本周的练习

有意识地以平和的方式开始新的一天，使用以下练习中描述的简单步骤。

每天阅读以下方法，直到你清楚如何应用此步骤。

- 每天提前15分钟左右起床。
- 找一个不会被打扰的地方，静静坐在那里。一开始，你可以在等咖啡冲泡的时候做这个练习,只要不被打扰即可。当你领会了其中的要义后,你可以另找其他更有利于身心平静的地方。

- 闭上眼睛或向下凝视。把头低向心脏的方向,自然地呼吸。试着用心感受每一次的呼吸,因为它会软化你的心,让它变得更加开阔。
- 感受每一次呼吸,让你的大脑充满氧气,让你神清气爽。
- 对又一天生命的赐予心怀感恩。
- 感恩又将与你爱的人共度新的一天。
- 决定让自己过有意义和有成效的一天。
- 向自己承诺,今天不管外界发生什么,都要让自己内心保持积极和平静。感受积极态度的力量,抓住现在,把它过成美好的一天。
- 回想威廉·詹姆斯说过的话:"能改变自己的想法,就能改变自己的生活""信念创造事实"。

3
最佳状态：
你希望活出怎样的自己

到目前为止我已经阐明，平和是神经系统的力量：正如神经学所定义的那样，充满活力的平和心态，是产生强大大脑的关键。另外我还想说明的一点是，压力是种心理上的恐惧，与其说它发生在你身上，不如说它发生在你心里。但是，当你通过自身经验来证明某件事的有效性时，它却总会更深刻地影响到你。

让我们从"平和就是力量"的观点开始，看看平和从哪些方面让你在生活中变得更加强大。首先，拿出一张纸，先不要看下面的列表，列出你最佳状态时所感受到的 10 到 12 个品质词语。想象一下，当你头脑清晰，处在最佳状态，能把事情做好，并朝着有意义的目标前进时，这种强大的体验带给你哪些感受。

现在再来看下面的列表。多年来,当我在研讨会上做这个练习时,这个列表定义出人们处于最佳状态的典型感受。把它快速看一遍并和你所列的列表进行比较。将此列表中的任何条目添加到你自己的列表当中(如果它们也是你的感受)。

创造力	决策力
充满活力	激情迸发
投入	镇定
自信	心平气和
反应快	良好的社会关系
富有成效	顾全大局
兴高采烈	融会贯通
容易沟通	热情
积极	合作
有选择余地	影响力
无惧	深思熟虑
更好的倾听	创新

这个品质列表描述了你的最佳状态,也可以说代表了一种特定的态度。关于这个练习,我的人类行为研究公司已经推行了九年,其间人们最常提到的品质是平静和清醒,

或者说心平气和。平和，是以上所列所有品质的基础。这些品质一起形成了一种积极、平和的态度，这与压力产生的"战斗—逃跑—僵住"反应是截然相反的。有些人认为平和代表自满、被动或失去优势。我们当中很少有人认为平和是通向心灵力量的大门。列表中的词语并不代表着自满，事实上，人们写出这些词语，将充满活力的平和态度与最佳表现等同起来，这意味着他们比自己能意识到的还要更了解它。它不一定是你需要学习的东西；它是你需要在日常生活中强调的东西，直到它成为你日常生活中的一部分。

你现在就可以开始练习。我已经整理了一份品质列表，它从人们在最佳状态时最常提到的那些品质中，提炼出一种积极的平和态度。我把这份列表转换成一种方法，用来超越压力，我把它称之为积极平和的态度（Dynamically Peaceful Attitude）。我希望你从今天开始，选出三个在接下来一周中想要增强的品质。看看你选中的每一个品质，一次一个，记住拥有这种品质的感觉。然后把这种感受变成现实，就像它现在已经发生了一样。你也许会惊讶于自己能如此生动地回忆起这种感受，但仅仅回眸一瞥就已足够。在你的一天中，以这种方式调用每一个品质，变化就会产生。你要相信自己会自然而然地找到方法来强调这三个品质。有意识地坚持你想强调的东西，必将引导你的经历发生改变。

这些品质描述的是你的精神状态，而不是外部条件。它们有可能使你比外界条件更强大。那便是巨大的个人力量。不幸的是，这不是大多数人的日常感受。正如我在导言中提到的，每周，四分之三的人在工作中至少会因为一件事感到压力，而这其中又有三分之一的人几乎每天都会感到极度压力。处于压力下的大脑无法令你维持最佳状态；压力会使大脑迅速退化到相反的体验当中。

所以让我们来看看第二个命题，即"压力是心理恐惧"，这意味着它更多的是发生在你心里，而不是发生在你身上。让我们来看看这在你的经历中是否属实。

翻开你刚才用来描述自己最佳状态的那张纸。不要看下面的压力表格，自己先试着列一张 10 或 12 个词语的清单——当思考压力对你生活的影响时，首先会浮现在你脑海中的那些词语。

积极平和的态度	
从以下选项中钩选你希望加强的三种品质	
·镇定	·灵活
·对个人权力的清晰认识以及在不压倒他人的情况下维护自己的权力	·逆境中仍保持信念
·无所畏惧	·值得信任
·不慌张	·勇于迎接挑战
·无忧无虑	·富有同情心
·自信	·愿意原谅他人
·创造力	·不评判或谴责他人
·心胸开阔,乐于倾听和接纳别人	·感受到与自己心灵、与他人和生活本身的紧密联结
·充满好奇	·完整而非破碎感
·精力充沛	·神圣感

完成后,请看下面的列表,它反映了我主持的研讨会和主题演讲中人们最常引用的内容。花点儿时间把你的单子和这张比较一下。如果有任何条目适用于你当下的情况,请将它添加到你自己的列表当中。

什么会带来压力？	
沮丧	疑惑
交通阻塞	愤怒
感到陷入困境	有戒心
我的老板	记性差
我的团队	负面情绪
气馁	注意力涣散
挫败感	逃避
冗长会议	失控
家庭责任	崩溃
害怕失败	失眠
待办事项	饮食过量
焦虑	酗酒

请把以上列表看作一个整体，它不代表一个人所选择的生活，但令人震惊的是，它是许多人正在过的生活。在研讨会上，我要求人们检查自己的压力列表，确定哪些条目是内在的，反映了他们的心理状态；哪些条目是环境强加的外部因素。请你用自己的列表也做同样的练习。仔细检查每一项，然后决定它是代表一种内在的心理状态还是一种强加的外在条件。

接下来是我刚刚列出的压力表，每个条目都根据参与者的评价进行标记而分为内部因素和外部因素。标记（I）的条目由参与者评定为内因，标有（E）的条目最初被评定为外因，而标有（B）的被评定为内外因素兼具。从这个列表中可以看出，绝大多数条目都被评定为内部反应。

压力：内因还是外因？	
沮丧（I）	疑惑（I）
交通阻塞（B）	愤怒（I）
感到陷入困境（I）	有戒心（I）
我的老板（E）	记性差（I）
我的团队（E）	负面情绪（I）
气馁（I）	注意力涣散（I）
挫败感（I）	逃避（I）
冗长会议（E）	失控
家庭责任（B）	崩溃（I）
害怕失败（I）	失眠（I）
待办事项（B）	饮食过量（I）
焦虑（I）	酗酒（I）

当我要求人们再次仔细审视最初归类为外因的条目时，他们通常会认为大多数条目可以评定为内外因兼具（即用B标记）。例如，交通堵塞既是汽车的堵塞，也反映出你

对堵塞的感受。无法管理的待办事项也是如此。试着用宁静祷文来改变因待办事项所感到的压力。祷文说："请让我宁静地去接受我不能改变的事;请给我勇气去改变我所能改变的一切,并赐给我智慧去分辨这之间的区别。"现在请你再看一下自己的待办事项,在念完这段祷文后,考虑放下那些你知道不可能解决的事情,或者至少不用急着去解决它们;然后对能解决的问题进行优先排序,再看看你的压力水平会怎样。

通过查看自己的压力列表,你会看到,那些令人负重疲惫的压力反应,发生在你内心中的,远比发生在你身上的要多。当停下来进行修整时,我们开始看到自己所面临的选择,即要么继续陷入令人衰弱的压力反应,要么对自己的精神状态负起责任。这是通过改变大脑以改变我们人生的第一步,这一步是绕不开的。

而这并不是说失去工作、查出重病或者房子被银行没收不会发生在你身上。这种事当然会发生。然而,即使在最糟糕的情况下,我们仍然可以实现人生的转变。维克多·弗兰克尔便是很好的例子,他证明了即使是普通人也拥有战胜绝望的超凡能力。弗兰克尔是奥地利的神经学家、心理学家,同时也是纳粹大屠杀的幸存者。他被当作奴隶在奥斯威辛和达豪集中营待了三年。他的妻子和直系亲属几乎全部都死在纳粹手中（仅妹妹一人幸存）。在集中营里，弗兰克尔自发地、尽其所能地为犯人进行医疗护理。在治疗这些人的过程中，他发现了一个始终如一的因素，可以预测谁更有可能在难民营可怕的身心虐待中幸存下来，这个因素就是：态度。他写道："我们真正需要的是生活态度的根本改变。要做到这一点，我们必须自己去学习，而且，我们必须去引导那些绝望的人们，让他们知道，我们对生活的期望并不重要，重要的是生活对我们的期望。"

接着弗兰克尔创立了一所心理学院，名字叫作意义治疗（Logo Therapy），并写了一本记录他在集中营经历的书：《活出生命的意义》，国会图书馆将它评为美国十大最有影响力的图书之一。弗兰克尔经常应邀到世界各地的大学，包括哈佛大学，作为主修课的客座教授发表演讲。在演讲结束后的问答环节，听众中经常有人称赞他是一个伟大而通透的人，以大多数人无法企及的方式战胜他所面对的恐惧。弗兰克尔坚决驳斥这些赞美，认为这是自我贬低和放弃个人责任，而无论境遇如何，对于人生道路的选择，每个人都应对自己负责。他坚信，他在受难期间所持的态度，所有人都有潜力做到。"我们永远不能忘记，"弗兰克尔写道:"无论在什么时候,我们都可以找到生命的意义……即使是面对无法改变的命运。因为那时最重要的是见证人类最独特的潜能,那就是将个人悲剧转化为伟大胜利。"

我们都知道,上一次经济衰退期间,很多人因丧失工作和房屋被没收而陷入困境。一些人早已存在健康问题,却没有医疗保险可以支付门诊就医的费用。我很清楚这些人所经历的一切,因为我自己也经历过这些。实际上,我同时面对了三场灾难性的打击。25年前,我的生活被我所说的"完美压力风暴"所吞噬。原本我在斯坦福医学院有一份很有影响力的工作,在那里,我跟世界一流的人才一起工作,正处于事业的巅峰时期。但仅仅在一周内,我的整个人生都被颠覆了。那一周刚开始,我先是被解雇;到周末,我被诊断出患有脑瘤。我已婚,有四个孩子,还有一笔房屋抵押贷款,而抵押贷款的金额已经太高,失业补偿金或残疾保险根本不可能付得起这笔费用。更糟的是,我的婚姻岌岌可危。多年来,相对于妻子和家庭,我一心只忙于自己的事业,这种情况所带来的压力令我们的婚姻更加伤痕累累。

面对这样的压力风暴,如果换成是你,你要如何应对?你能举起一只愤怒的拳头,冲着上天大喊"为什么是我"吗?

有段时间我的确这样做过。你会因恐惧而退缩，逃避现实吗？我也这么做了。而你还可以直视这种情况，对自己说："哇，这真是个实现我独特人类潜能的机会……'把个人悲剧转化为巨大胜利，'"就像维克多·弗兰克尔那样？我一开始肯定不是这样的。

那时，对我来说唯一幸运的是脑肿瘤生长比较缓慢，在遇到当地最好的神经外科医生前，我还能够撑过6个星期的候诊时间。但这也意味着我有很多时间来思考自己的灾难。医生告诉我要做好心理准备，因为我可能会出现面瘫、半聋的状况，走路也需要助行架，同时医生还警告我，脑手术还可能会造成其他可怕的并发症。我被吓坏了。在那种身体状况下，我不认为还有人会愿意雇用我，这意味着我的职业生涯结束了，我的家人要去救济院，而我的墓碑上会刻着"失败者"。在最初的几个星期里，我每天都会在凌晨醒来，凝视窗外的黑暗，被恐惧所淹没。直到有一天晚上，我问自己哪种情况更糟：是我身上发生的一系列大问题，还是我心里那种巨大的恐惧？不知怎的，我把自己的思想从恐惧和压力中解放了出来，让自己变得平静而祥和。在随后平静的气氛中，我意识到，如果我能改变自己的思维方式，不是持续地将自己描绘进阴暗、充斥厄运的角落，而是培养起一种积极的态度，那么周遭的事物也都会变得更好。我并不知道事情怎样才会变好，但我知道，至少这种态度的转变让我感觉好多了。于是，我决定就从那时那刻起努力摆脱掉恐惧和压力，加强自己想要平和的意愿，不管那一天要面对的是什么，我都要充满信念。

我的离职协议上写着，让我用一个月的时间来帮助部门进行交接过渡。这是个不寻常的安排，我讨厌每天都必须得回去工作，但我的新态度改变了我的感受。现在我只想把工作做好，把事情安排得井井有条。当我回到工作岗位时，我注意自己不再像之前那样感到压力重重。我能更从容地处理事情。我对自己能做什么、不能做什么、能控制什么、不能控制什么，有了更清晰的认识，我把注意力集中在自己能有所作为的领域。对那些自己曾当作是对手、认为是他们导致了我失败的人，我甚至也变得友好起来。

我不再相信那些不好的、评判别人的想法和观点，主要是因为我想尝试给自己的大脑留出修复的机会，希望通过思维的转变治愈我的大脑。我一直工作到手术前几天，在这段时间里，我记得，我没有产生过任何消极的想法。我发现选择平和并不像我想的那么难。事实上，一切都变得更加简单了。

我态度的转变改变了结果。手术非常成功，并令我免于任何残疾。医学上将这种积极的结果归结为：我积极的心理状态所带来的身心联结，最终改变了医疗预后的结果。而工作上我也被"召回"了。系主任全力推荐我去申请了另一个系的职位。最终聘用我的董事长告诉我，他希望我能将自己的积极态度带入到他的团队之中。最后，我离开了斯坦福大学，去追随一个全新的方向，一个更符合我内心的方向。如果我一直感到压力和恐惧，这些都不会发生。

我身上发生的一切并没有什么英雄色彩。这仅仅是我决定不再让自己陷入我自己营造的苦难之中。我将自己的经验分享给那些受经济衰退影响的人们，他们也得出了同样的结论，结果，重拾情感力量和创造性思维最终帮他们渡过了难关。

我们对压力和恐惧的控制能力往往超出想象。我们有能力引导自己在任何情况下保持平和。一旦你做出不再害怕的决定，平和便油然而生，这个决定是我们要运用自己的高级大脑，而不是让低级大脑来支配我们。压力列表上的大多数项目都是某种形式的心理恐惧。它们是由低级大脑的功能驱动产生的，这种功能无法区分真正的危险以及你想象的危险。这两者中如果有任何一个存在，低级大脑就会产生压力反应。简言之,心理恐惧是一种大脑认为真实存在的紧急情况。对此,伟大的法国散文家米歇尔·德·蒙田一语道破,他说:"我的生活充满了可怕的不幸,其中大部分从未发生过。"

美国康奈尔大学的一项研究对我们想象中灾难的真实发生率进行了验证。在这项研究中,受试者被要求写下他们在未来两周内的所有担忧,然后来印证哪些是真正发生的。研究发现,85%的受试者担心的事情从未发生过。在15%担忧成真的情况中,79%的受试者将事情处理得比自己预期得好。这些结果表明,几乎97%的时间我们都没有必要担心。关键就是停止去相信那些让我们忧虑、恐惧的想法。如果能处理好那些习惯性、无意识、不停在脑中萦绕的负面想法,我们就可以摆脱掉压力的束缚。

在研讨会上,我采用指导性的步骤,帮助人们深入了解最近的压力事件,挖掘他们的想象力,使压力体验尽可能生动。接下来,我让他们先注意自己的心理反应,然后是情绪反应,最后是身体反应。最后,当他们从压力事件中解脱出来时,我让他们留意自己在态度上发生的任何变化。使用0到100的量表,其中100表示极端反应,0表示无反应,参与者评估他们在四个类别(心理、情绪、身体和态度变化）中的每一个类别的反应有多强烈。在遭遇压力事件时，人们总是给自己的心理反应打出很高的分值，从85到100不等。紧随其后的是强烈的情绪反应，但压力思维通常会赢得最高分值。身体反应分值通常落后于情绪反应。此外，几乎每个参与者都反馈说，由于这一事件的经历，他们的态度反应分值有所下降。

这些数据表明：与改变你的环境相比，关闭压力反应系统更多的是改变你自己那些消极、引起压力的想法。显然，压力是一个内部问题，平和同样也是。两者都从你自己的思想开始，然后向外延伸。一个担忧、焦虑的大脑，必然会生出各种压力充斥的想法。同样，只有从积极、平和的精神状态中才会获得没有压力的体验。

▶ 摆脱焦虑方法 2

思想觉察

有一种方法可以帮助你从压力转向平和，并扭转不健康的心态可能造成的伤害。它被称为思想觉察方法：我能看到平和而不是这个。

使用这个方法的第一步是要意识到那些紧张恐惧

的想法、令人焦虑的状况、"冒犯"的言语或事件，以及任何让你感到紧张、恶意、敌对或悲观的想法。想到哪种便记下它们，并留意这些想法是如何转化成负面情绪，从而产生威胁感的。

当你体验到这些负面情绪时，不要试图去改变它们。你只需要去观察它们，如果你忍不住批评、责怪或谴责自己消极的想法和感受，也只把这看作是另一个消极的想法。当你观察到想要发泄压力的想法时，告诉自己，这些想法或感受只存在于我脑海之中，而不是现实之中。花点儿时间让这件事的真相更加深入内心吧。不要去相信那些紧张的想法。这种做法背后的原因是，如果你不相信焦虑、压力、悲观的想法，那它们就没有力量。只要你不去相信，它便只不过是来回闪现的某种念头，而不会变成压力、焦虑或抑郁。

一旦开始这样做，你就可以对自己说，我可以看到平和而不是这个。专注于做出平和的选择，并从容地向自己重复这个想法，将有助于你的世界观向积极的方向发生改变。

最后，当你的态度发生转变时，请记住，虽然你

> 有消极的想法和感受，但它们并不是真正的你。它们只是如浮云般经过。而你的存在就像蓝天，这些云时而飘过，时而密布。让自己的大脑完全放松下来吧，让它重回蓝天时刻。
>
> 提醒自己每天都时刻练习使用思想觉察方法，直到在你面对引起压力的想法和观念时，它能成为你的直接反应。你将在本章末尾找到使用此方法的过程。

练习这个步骤时，你的低级大脑会开始安静下来。大多数紧张、焦虑的想法都无形中发生在我们意识之外。在这些想法被意识到之前，它们将继续自动触发压力反应系统。但当低级大脑开始接收到你的信息，也即这样那样的想法只是一个想法，并不是值得害怕的现实紧急情况，它就会慢慢停止运作。这不仅能节省压力思维所消耗的能量，还能防止你对偏执的想法和误解采取行动，避免做出日后后悔的决定。

如果你的一天特别忙或压力巨大，你还可以使用这个方法的缩略版。每当某种负面的想法开始以抑郁、焦虑或担忧的形式影响你的情绪健康时，只要深呼吸，让你的头脑放空片刻，然后默默地对自己说："我可以用平和来代替这种'抑郁、焦虑或担忧的'感觉。"继续重复这个想法，直到你感到解脱。

有效使用思想觉察方法的关键是要进行反复使用。一开始，你可能会觉得很尴尬或很难运用，有时甚至会忘记去用，但一定要坚持下去。你练习得越多，就越容易做到，也就越有效。最终它会改变你大脑的自动导航系统，从习惯于向压力屈服到习惯于保持平和。

下面的例子揭示了不同思想觉察方法所能带来的巨大差异。这两个例子展示了两个遇到截然不同问题的人，而他们都感受到了同样巨大的压力。

第一个例子是名男性，他的妻子刚刚因病去世。在悲痛中，他反复思考自己本该为她做的事情，这些想法最终变成认为自己辜负了她的担忧。他认为在妻子生命的最后几个月，他应该辞职和她待在家里，而忽视了如果这样做很有可能会令他失去健康保险。他反复回想着妻子的最后几天，她时而昏迷，时而清醒。他觉得自己本可以做更多的事情来帮助她度过危机。所有这些自责的想法像雪球一样滚成了一连串的错误，他不停地想起他在三十年的婚姻中所犯的错误，最终他断定自己并不是曾自认为的好丈夫。这种反应对于刚刚失去爱人的人来说很常见。

第二个例子是在商场中每天都发生的事情——那是公司失去某个重要客户,造成重大损失时,高管们所感到的震惊。当然,这是一场真正的危机,需要清晰的思考,但一开始,重重危机感可能会让高管们崩溃。起初通常他们很生气,把责任归到某人身上,但很快他们又发现自己可能也有责任。他们可能会感到害怕,只因为内心的恐惧在说,他们也许做了错误的决定。领导者通常会说:"是我让大家失望了。"这就变成了一种恐惧,认为自己让所有人包括投资者到员工甚至家人都失望了。多年来,他们领导了一个成功的部门,为许多人创造了令人兴奋的工作机会,维持了良好的生活条件,但他们的情绪压倒了这一事实。他们很聪明,能够应付这种情况,知道必须迅速制订计划、集结人力,但目前的这种心态使他们无法行动。

这两个例子中的人都让恐惧支配了自己的态度,使他们对自己产生消极的想法。而这种自我谴责往往使情况更糟。这两个例子中态度的低迷都是因为人们相信了根本不真实的想法。当恐惧占据大脑时,我们会很难理解,仅仅消除恐惧的想法就能立刻让一切变得更好。解决的办法就是开始觉察到那些痛苦、引起压力的想法,并观察痛苦的情绪有多少是思想的产物,而并不是现实。下一步要做的,就是通过拒绝相信任何有压力的想法来对它们进行反驳。要做到这一点，就要忽略掉消极自我所说的一切，直到可以获得令人耳目一新、精神振奋的感受，而不再去相信恐惧所描绘的那些痛苦画面。这样随之而来的便是更冷静、更明智、更现实、更乐观的世界观及生活方式，前路也变得豁然开朗。在前面丈夫的例子中，一旦前进的道路变得清晰，那位丈夫就尽可以为失去亲人而哀悼悲痛，同时在内心里保持着他和妻子曾经相爱的美好回忆；在公司失去客户的例子中，高级经理完全可以无所畏惧地审视公司存在的问题，并激励管理团队去有效地解决它。

本周的练习

- 在名为"积极平和的态度"表格中，钩选出下一周你想要加强的三种品质。
- 每一天，都去看看你所选择的那三种品质，找到方法去加强它们。
- 在接下来的一周，每天全天候都刻意地去改善思想觉察。有时，这样做可能会让你感到不愉快；但不要让它阻止你继续。有时候，你可能会因为自己所揭露的消极思想的数量而对自己产生严重的质疑，甚至会让你感到气馁或绝望。与对待焦虑、引发压力的想法一样，你只需简单地观察这些质疑和感受，并积极地去感受它们。

方法2操作步骤

每天阅读此页，直到你清楚如何应用此步骤。

- 觉察到那些紧张恐惧的想法、令人焦虑的状况、"冒犯"的言语或事件，以及任何让你感到紧张、恶意、敌对或悲观的想法。想到哪种便记下它们，并留意这些想法是如何转化成负面情绪，从而产生威胁感的。
- 最初，当你体验到这些负面情绪时，不要试图去改变它们。你只需要去观察它们，如果你忍不住批评、责怪或谴责自己消极的想法和感受，也只把这看作是另一个消极的想法。
- 告诉自己，这些想法或感受只存在于我脑海之中，而不是现实之中。花点儿时间让这件事的真相更加深入内心吧。

- 不要去相信那些紧张的想法。如果你不相信焦虑、压力、悲观的想法,它就没有力量。只要你不去相信,它便只不过是来回闪现的某种念头,而不会变成压力、焦虑或抑郁。
- 对自己说,我可以看到平和而不是这个。从容地对自己重复这个想法,你的世界观会随之发生改变。
- 最后要记住,虽然你会有消极的想法和感受,但它们并不属于真正的你。它们只是如浮云般经过。而你的存在就像蓝天,这些云时而飘过,时而密布。让自己的大脑完全放松下来吧,让它重回蓝天时刻。

继续练习

- 继续平和地开始新的一天,把它当作早晨喝咖啡或茶一样重要(如果你习惯喝咖啡或茶的话)。

4
消极情绪的根源：
深埋于心的恐惧感

刚开始使用思想觉察方法，人们发现大脑会产生如此多消极、引发压力的想法，他们通常会不可避免地产生一些疑问。他们经常问我："如果这种恐惧是真的怎么办？如果它是真的呢？"我告诉他们，重要的是挑战自己的那些想法，看看他们的担忧是不是真的存在严重的威胁，或者仅仅是把事情想成很严重，自己吓自己。如果我们屈服于恐惧，事情可能会升级为强烈的压力反应，释放大量的压力激素，从而剥夺我们解决问题所必需的脑力。有一个方法可以帮助你检测出内心的恐惧感，避免你花费大量脑力来绕弯路。这个方法叫作——"我害怕什么？"

▶ 摆脱焦虑方法 3

问自己:"我害怕什么?"

通过反复地问自己"我害怕什么",可以让你深层解构自己的困扰。例如,你可能担心没有足够的钱去度假,然后,你把这个问题的答案变成下一个问题,问自己:"如果这种担忧是真的,那我会害怕什么?"你的答案可能是,家里的每个人都会因此而责怪、怨恨你。之后,你再把这个答案变成下一个问题,不断重复这个过程,直到你没有更多疑问,通常这会持续五到六个回合。

在使用此方法时,让低级大脑的原始语言进行直白表达非常重要,不要试图去美化编辑它的用词。低级大脑的语言生硬而常常具有灾难性效果。它对事实不感兴趣,只对生存感兴趣,因而常常会得出疯狂、可怕的结论。你要做的就是让它彻底表达,这样你就可以来到低级大脑所看到的噩梦底部,并对其做出反应。

等到这个问题清单完成,阅读每一条陈述,将"我

> 害怕"这个前缀删掉，把所有这些话都变成事实陈述。例如，不要说"我担心没有足够的钱去度假"，而是说"我没有足够的钱去度假"；不要说"我担心家里的每个人都会怨恨我"，而把它读成"家里的每个人都会怨恨我"。用这种方式念出所有的陈述，就好像你在讲故事一样。
>
> 最后一步是通过询问这些陈述是否属实来对它们进行检验。在这个例子中，你要问，是否真的没有办法拿出钱来度假；如果你让家人失望了，他们是否真的就会因此怨恨你；等等。

为了最好地向你展示这个过程是如何运作的，接下来我讲一名销售主管的故事，这个人物我称他为贾斯汀。尽管这个故事是虚构的，但它是展开使用这个方法的典型。

贾斯汀近一年来都在跟一笔订单。如果能拿下这笔订单，他不仅可以提前完成销售配额，还可以赢得奖金。不幸的是，就在即将签约之际，对方公司的一位关键人物却掉链子了。据贾斯汀推测，此人可能担心购入这些产品会使其部门的作用显得过时。一切都陷入僵局，贾斯汀担心交易已经失败，这让他痛苦不已。在接下来三周的大部分时间里,每天的胡思乱想让他不断在愤怒、恐惧、沮丧的情绪之间波动,他陷入了抑郁。到了这个地步,他已经无法想出创造性的办法来解决所遇到的问题,他害怕自己已经失去了竞争力。于是贾斯汀赴约来见我,而我则用"我害怕什么?"的方法来对他进行疏导。

我先问贾斯汀:"在目前这种情况下,你害怕什么?"

他回答说:"那笔买卖已经砸了。"

"如果产品卖不出去,你又怕什么?"我问。

"我过去一年为这张订单所做的努力都会付之东流。"他说,"这意味着我让所有人都失望了,而且这让我更难完成自己的销售配额。"

"完不成你的配额有什么好怕的?"

他回答说:"我的公司会考虑解雇我,然后再去招个能搞定订单的人。"

"那被解雇又有什么好怕的?"我又问。

他说:"我最终会破产,失去我的家,辜负我的妻子。"

"失去家、辜负妻子有什么可怕的?"

"这意味着我成了生活中的失败者。"他回答说。

"成为失败者有什么好怕的?"我接着问。

"没有人会尊重我。"贾斯汀说。他脸色苍白地低下头。

当我让他描述自己的感受时，他说："我觉得自己一文不值，就像应了我父亲说我会变成彻底的失败者那句话。"从这个答案中你可以看出，我们恐惧的根源究竟有多深。

"令所有人失望，没有人尊重你又有什么可怕的呢？"

他说："我最终会住在桥下，没有人关心我。"然后他笑了，尽管神情仍然很沮丧。这显然是个荒谬的说法，但那并不是他的逻辑思维在说话，而是他低级大脑所做出的表达。

在下一个阶段，我把贾斯汀基于恐惧的反应变成讲给他听的一个故事："你告诉自己的故事是，你会失去这个订单，你去年为之努力的一切都将一无所获。你的公司会解雇你，聘用更好的人来替换你。你最终会破产，失去你的家，辜负你的妻子。因为你是个失败者，没有人会再尊重你，就像你父亲说的那样。你最终会被抛弃，无家可归。"

这便是过去三个星期里一直在贾斯汀脑海中萦绕的故事，它折磨着贾斯汀，激起一系列令人不安的情绪。回想一下我在第一章中所说的"情境性恐惧条件反射"，它指的是低级大脑将当前的某种事物，与过去储存在大脑情绪记忆中的某种不安联系起来的方式。情境恐惧条件反射会使我们在一个不存在的情境中感知到威胁。对贾斯汀来说，他在那次搞砸的订单中所看到的失败，重新唤起了他父亲谴责他的创伤。对低级大脑来说,父亲的否定预示着贾斯汀有一天会被遗弃到大街上,这便是低级大脑最深的恐惧。如果把贾斯汀脑海中的这则故事当真,那么任何人都会有所感触。有些人可能会同情贾斯汀,心想,他真可怜,希望他能找到办法来保住这桩生意,这样他的生活才不会被毁掉。如果他的故事戳到了一些人的痛处,这部分人可能会感到焦虑不安。还有一些人可能会厌恶贾斯汀,因为他们觉得他似乎确实是个失败者。所有这些反应的共同点是,他们都在某种程度上相信贾斯汀的故事是真的。

在这个过程的下一步,我进行了一次询问,看看贾斯汀的所有说法是否属实。读到这里,你应该已经明白了压力激素会破坏大脑的高级功能。它们具有神经毒性,会将我们锁定在"战斗—逃跑—僵住"模式中,使我们所看到的是一个没有解决办法的问题。因此,在事件进一步演化成压力,使大脑充满有毒的压力激素之前,确定我们的恐惧是否属实非常重要。所以我通过问询引导贾斯汀把事实和虚构分开。接下来,我问:"你完全没可能签下这笔订单吗?"

"嗯……"贾斯汀说,"也许不是完全。我还是可以挽回它,但这在外事操作上很棘手。我得越过那个关键人物往上找。"

"所以说，如果你能想出有效的方法来做到这一点，那就意味着一切还没有结束。对吗？"我问。

"是的，我想是的。"他回答。"如果我能想到办法，就还有希望签下订单。"贾斯汀接着说，他的老板在外事操作上很善于回避敏感问题，但贾斯汀一直在回避他的老板。在他想出解决方案之前，他不想告诉老板，这桩生意已经陷入困境。当然，他也没能想出一个像样的计划，因为他太痛苦了，根本无法进行创造性地思考。然后，他突然意识到，他的恐惧把他困在了一种类似《第二十二条军规》[1]的情境之中，使他无法请求老板帮助制订有效的外事战略，而这正是他真正需要的唯一计划。这个启示使他微笑，他第一次放松地坐在椅子上。

接下来我问道："如果你不能挽回订单，这真的意味着你去年做的所有一切都没有任何意义吗？"

"好吧，其实我也不是完全没有收获。"他回答说，"我为我们的产品开发了更好的抵押品，并改进了产品的演示文稿，它可比以前的那版好多了。销售团队中的其他人甚

---

1. 美国作家约瑟夫·海勒的长篇小说，意指进退两难的境地。——译者注

至开始在销售演示中使用这些文稿。"

"嗯,那一定也很有成就感。"我说。

"是的,确实如此。"贾斯汀说,"老板为此还给我颁发了荣誉奖。"

"如果你做不成这笔生意,你真的认为老板有可能解雇你吗?"

"不,"他回答,"我手里还有其他好几笔生意在谈。如果能重新集中注意力,我还是能完成销售额的。"

"那你的妻子和朋友呢?你真的认为他们是有条件地爱你吗?"

"不,当然不是。"他说。

最后,我问贾斯汀,他是否认为是时候去寻求专业帮助来原谅他的父亲,这样他就能不再总是害怕自己最终会成为一个失败者。他说他愿意那样做。然后我把贾斯汀所讲述的恐惧清单递给他,问道:"如果没有这些恐惧的想法,你会怎样?"

"我会更冷静,更明智。"他说,"忙完一天,回到妻子身边的时候,我会更快乐。"

当感到压力或恐惧时,我们给自己描述的可怕故事是由低级大脑产生的。低级大脑总是用生硬、令人不安的语言说话。因为它总是处于生存戒备模式,它所看到的便是噩梦。一开始,贾斯汀被低级大脑控制了局面。当恐惧的想法被消除后,现实的说法让贾斯汀开始用他的高级大脑更多地发挥作用。而现实的说法总是更理智、更乐观、更积极、更向上的。理性的意识使情况变得清晰化。现在,有意识的头脑可以看到摆在我们面前的选择:要么恐惧,要么平静。

贾斯汀的故事有一个圆满的结局。当他再回去处理那笔交易时,他的状态很好。压力不再成为他成功签约的绊脚石。

现在也请你来练习一步步运用这个方法。你可以从现在开始问自己当下害怕的是什么。思考一下这个问题,把你的答案写下来,并继续做"我害怕什么"的练习。

本周的练习

利用你现在确定的某种恐惧,本周做一次"我害怕什么"方法的练习。

方法3操作步骤

- 问一下自己,我现在最害怕什么?进入这个焦虑、不安的空间,不要回避这个问题。当你有答案时,找一张纸，把答案写在最上面。

- 在纸中间画一条竖线。左边一栏的顶端写"我害怕什么"；右边一栏的顶部写"询问这是不是真的"。
- 把你最开始的恐惧转化为下一个问题。问问你自己："如果最上面的恐惧是真的，我又害怕什么？"把你的答案写在左栏。
- 再次把恐惧变成下一个问题。"如果我刚才写下的恐惧是真的，我又怕什么呢？"把答案写下来。
- 重复这个步骤三四次以上，或者直到感觉自己已经触到面对这种情况焦虑的底部。
- 逐一看看自己的恐惧，再问自己："我百分之百确定这句话是真的吗？"
- "什么说法更贴近现实？"把这句话写在右边一栏。
- 浏览你的恐惧列表，针对每个恐惧重复以上两个步骤。
- 接下来，将"我害怕什么"这一栏的内容读出来，就像你在读故事一样。感觉如何？然后以同样的方式去读"询问这是不是真的"这一栏。感觉又如何？当压力大的时候，你选择相信它们哪一种？

- 最后，问问自己："如果没有这些恐惧，我会是怎样的？"把你的答案写在纸的背面。

继续练习

- 继续使用"平和地开始新的一天"方法。
- 继续使用"思想觉察"方法。

第二步

做出选择
——令大脑发生转变的思维方式

5
熟能生巧：
勤加练习提升神经可塑性

要产生积极的神经可塑性，使大脑充分发挥其潜能，就需要进行简单且持续的练习。所以在进行下一步探讨之前，我想用这一章来讨论练习的重要性。我会先讲一个故事，它是关于一名压力极大的女性在使用本书提供的方法时所经历的一次突破。这个故事说明了每天勤加练习会给你带来哪些看得见的改变。

莉拉真的忙得不可开交。她是位带着两个孩子的单亲母亲，是年迈父亲的主要照顾者，还是一家初创公司的项目经理。她压力非常大。假期的到来成为压垮她的最后一根稻草，她因为出现心悸而赶紧去了急诊室。诊断结果显示这次虽不是心脏病发作，但她的健康情况不容乐观，这次经历让她想对压力采取一些改善措施。她有位朋友曾参加过我的一场研讨会,于是给她寄去了"平和地开始新的一天"和"思想觉察"方法的相关资料。接下来的三个星期里,莉拉一直遵循着计划。她每天早上提前二十分钟起床,平和地开始新的一天。她练习感恩,并通过唤起活力、积极、平和的态度来规划自己的一天。白天,她勤奋地练习思想觉察方法。一开始,她被大脑产生的大量的紧张想法和判断所困扰。因为一直在练习,她越来越意识到消极的想法会很快转变成令人不安的情绪。她开始明白,有时,这些不安会使她对现实情况产生误解,并得出相当偏激的结论,使她与牵涉其中的任何人或事发生冲突。最让她吃惊的是,她发现许多紧张的想法是在她意识之外习惯性发生的,它们会在思想背景中默默运作,让她对事物的发展前景总是抱悲观态度。等到第一周结束时,莉拉意识到,她习惯性地消极思维会让她一天都非常紧张。她观察到,即使是疲劳,也更多地与紧张的想法和判断所产生的情绪反应有关,而并非与周围的环境有关。

起初,当察觉到某个令人紧张的想法时,莉拉的反应是批判自己。我永远也不会改变了——她这样想。继而她又想,如果我不做出改变,我早晚会死于心脏病发作。但她很快意识到，自我怀疑只会更加引发压力。当她练习不去评判消极的内容，而只是对它们进行观察时，她注意到自己的反应逐渐开始平静下来。很快，她就开始嘲笑自己的那些紧张想法，就如同曾经的恐怖片现在变成了情景喜剧。当她努力不再相信自己紧张的思想和观念时，她开始得到与恐惧完全相反的自由体验。她意识到，无压力状态更多的与管理自己的想法有关，而不是控制他人或把控境况。这对她来说是一种启示。

她开始注意到周围的许多人都压力重重，但她已经不再如此——至少没有以前那么多了。她的内心日趋平静下来了。她说，这就好比在鸡尾酒会上选择不喝酒，然后你会观察到喝酒的人是如何发生变化的。

后来的某天，她的练习忽然迎来了一次突破。经过三个星期的方法练习，这天，莉拉穿过公司停车场走向自己的车，毫无来由地，她感受到一阵从未有过的欢欣。她停下来，一动不动地站了一会儿，环顾四周。"多么美丽的世界啊！"她想。她形容那是个"完美时刻"。

具有讽刺意味的是，为那一完美时刻腾出空间的，乃是我们愿意花些时间去观察那些充满压力的想法而感知到的所有不完美。

快乐是我们从压力、担忧和焦虑中解放出来时的感受。那一刻,我们才知道没有恐惧和压力的生活意味着什么。那是思维方式的改变,那是整个人生的改变。

到目前为止,你一直在努力变得更加敏锐地意识到那些你不想经历的感受——也就是压力。从现在开始,你将要学习那些能够带给你希望中的体验的方法及流程。一切都回归于实践当中。通过实践,你会重塑大脑结构,将压力转化为放松,将恐惧转化为镇定,将无力转化为强大。正如我在第一章所说,实践需要严格克己,就是简单地记住你想要的,然后始终如一地选择并坚持它。也正如我已经提到的,这样做的回报是,在通往成功的路上,你会做得更好、过得更好。有什么比这样的结果更值得你的付出和努力的呢?还有什么比得到你想要的更能激励人心的呢?

一开始,转变的过程似乎令人沮丧。你可能会发现,很快自己又回到了旧习惯之中,或者忙碌的生活让你抽不出时间按照书里的方法勤加练习。你甚至可能会为此感到内疚,或者认为自己不够优秀或不够自律,无法做出有意义的改变。正如你现在已经知道的,摒弃这种消极思维的办法是通过思想觉察方法来消除它。你可以做出改变。就像你想要实现的任何事情一样,关键在于不要放弃。试着坚持,直到你获得了能够助你达到目标的动力。

我经常听人们说,在这个繁忙的世界上,一个人很难保持平和。但如果仔细想想,你会发现正是压力和恐惧使生活变得更加艰难,而活力与平和则会让一切变得更容易。小到洗衣服、修草坪,大到事业与家庭的成功,无不如此。你越练习变得平和,就越容易感到平和。在神经学上,经过练习能够将一种新的行为或大脑思维方式连接到大脑中一个叫作基底神经节的部分,它是大脑中负责储存线索、模式和帮助形成习惯的奖赏回路的地方。通过练习,你可以设定一种应对模式,当压力行将抬头时,它会提示你平和能够带来的回报。但是,只有首先练习平和,你才能知道它所能带来的回报。

有一个著名的实验说明了这个自动反应机制的运作规律。麻省理工学院的研究人员发现,基底节受损的动物很难学习新的动作。研究人员想知道基底神经节是否参与了习惯的形成和改变,于是他们将实验鼠的大脑连上电子检测装置,以方便辨认出它们的小脑袋里发生了什么,然后把这些实验鼠放进一个T形迷宫里,并在迷宫最远的角落藏了一块诱人的巧克力。最初几次,老鼠在迷宫里似乎闻到了巧克力的味道,但却找不到它。它们到处嗅、抓、磨,数据显示它们的大脑在全力运作以寻找巧克力。渐渐地，通过反复试验，老鼠们知道了巧克力的位置。在那之后，它们便直奔迷宫那个最远的角落寻找奖赏，而不再费尽心思去寻找。从它们的大脑数据中，研究人员发现了令人惊讶的事情，当老鼠们都学会了吃巧克力的方法后，它们的大脑活动就会减少，甚至记忆中枢的活动也停止了。大脑变得安静下来，它开启了自动运转模式，就如同进行自动驾驶一样。于是一切都不必再那么辛苦。试错的过程最终带来了奖赏，这一过程令老鼠的基底神经节发生了改变。

通过这个实验，我所要传达的是：请练习本书中的方法和步骤，它们会让你更快地尝到甜头。但如果你感到情绪不佳，或者陷入压力反应，不要对自己妄加批判。那没什么。人生就是一个不断试错的过程，我们往高处攀登的路途上都必然会经历这个过程。那句古老的格言"熟能生巧（practice makes perfect）"并不是指你最终会变得完美，而是说要在人生中追求卓越。

修炼内心的平和会增强你面对困难的能力，让你变得无惧无畏。当面对困难的时候，内心的力量会令你保持冷静、清醒、富有创造力。但是，实现平和并不意味着你永远不会再感受到愤怒、激动或焦虑，也不代表你永远不会再面对压力源。有时候,你还是会被卷进一场压力风暴,被坏消息搅乱,或者被自己的消极情绪所控制。拉尔夫·沃尔多·爱默生说过的一段话也许可以帮助你度过不完美的一天。他写道:

"每一天结束以后就不再伤心后悔。你已经尽你所能。尽管犯了些错误,也做了荒谬之事,尽快把它们忘记。明天又是新的一天;轻松宁静地开启它,带上你昂扬的斗志,不要再被昨天的愚蠢所拖累。当下的时光才最公平而美好。它弥足珍贵,充满无限希望和可能,怎能将它浪费在懊悔往昔之上。"

我把爱默生的这段话装裱起来放在自己的书桌上。每当结束了一天的工作,离开办公室之前,我都会看看它,提醒自己让这一天过去,"不再伤心后悔"。我想象着明天,"充满希望和可能",我感受到了心中对目标和梦想的激情。然后我把这种快乐的感受注入办公室的气氛中,这样当我早上再次回到这里时,它就能让我精神焕发。

如果我因白天犯的错误而感到痛苦,我也会读一下这段话。有时候,当我犯了非常大的错误,我得读上两三遍,把每一个字都记进心里,直到自己能够放手。终于能够做到放手,总是一种极大的解脱。那感觉好像我放下了一只沉重的行李箱,或者脱下了一只挤脚的鞋子,让我可以轻松而有目的地再次前行。

> ### 继续练习
>
> - 继续使用"平和地开始新的一天"方法。
> - 继续使用"思想觉察"方法。
> - 一旦有难以释怀的想法冒出来,就用"我害怕什么"来加以练习。

6

保持平静：
全心投入工作与生活

安妮·拉莫特（Anne Lamott）在她的《幽默与勇气——一个单亲妈妈的育儿日记》（*Operating Instructions*）一书中引用了她朋友的一句话："我的大脑就像一个坏邻居，我可不想独自一人去拜访。"这样的画面不禁让我们大笑，因为当我们毫无意义地沉浸在持续、混乱的思维中时，大脑确实有点像我们的坏邻居，它评判、批评、责备、抱怨、拒人千里之外、带有攻击性，有时还伴随着口水四溅地大嚷大叫。我可以想象，在糟糕的日子里，这个糟糕社区的街道上会充斥着成千上万种令人紧张的想法，而且这些想法大多数都是在重复出现。它们让人陷入灾难性思维的黑暗中，就像在"我害怕什么"练习中所讲的推销员贾斯汀所做的那样。

请你如同贾斯汀一样,回想最近一次你因害怕失败而崩溃的情况。在你的脑海中,可怕的灾难性画面里到处充斥着失败的念头。它把你从最初的时刻拉回到过去的失败和失望中,这反过来又使未来看起来像噩梦。你的情绪在焦虑、愤怒和沮丧之间波动,直到某个时刻,一切都会升级为一场恐惧风暴。但是,情绪的动荡大部分都是由头脑制造的幻觉推动的。莎士比亚曾这样形容生活:"这个充满了喧嚣与骚动的世界,不过是毫无意义的痴人呓语罢了。"但莎士比亚还说:"我内心感到超越一切世俗尊严的平和,一种静谧的良知。"

这种"静谧的良知"是通过走出紧张想法将我们带入的困境而获得的。要怎样做到这一点呢?放下恐惧,然后有意识地步入当下,准备以安静、开放、接纳的心态投入到生活中去,记住,当下乃是你唯一所拥有,也是你唯一存在之中的时间。错过当下,你就会错过自己的生命。在此刻的静谧中,你自己的错误形象会逐渐消失,充满威胁的世界也会逐渐消失;你对别人的臆测评判会逐渐消失,对失败的恐惧也会逐渐消失。取而代之的是,此时此刻你可以大胆创造的可能性,因为你已经变得无所畏惧。你能想象出那种没有可怕幻想的精神状态吗?试着记住某个时刻——即使那只持续了一分钟甚至更短——没有任何事情来打扰你的平静,你确信自己被爱、有安全感,对未来胸有成竹。记住你有这种感觉的那个特定地点或时间,记住你的思想曾变得多么平静,而你在那种环境中感到多么自在,多么充实。

如果你不曾经历过这样的时刻,那就自己想象一个。让自己放松到完全平静、全心投入的一种状态,让你的想象尽量生动逼真。然后试着让这想象一直延续一整天。现在,再想象它延伸到你度过的每一天,想象每天都是你最美好的一天。这样做会给你一个心理暗示,让你摆脱大脑长期处于压力状态下所产生的各种可怕的幻想。没有了这些幻想,就不会再有恐惧、压力、怀疑和攻击。

你可能会认为,以安静的心态投入生活和工作,将意味着你不再有动力去做任何事情或在世界上产生影响。但具有讽刺意味的是,当你处理必须做的事情时,能够安静地、全身心投入实际上会让你更强大。这是一种活在当下的品质,它潜移默化地影响你正做的每件事,减轻压力,让你更平静、专注,与他人、与环境更加和谐。

著名精神科学家、基于态度的心理学流派之父杰拉尔德·G.扬波尔斯基(Gerald G. Jampolsby)曾应邀出席一家大公司的董事会会议。关于如何解决该公司的具体问题，几个月来一直存在分歧，而且这种分歧正在变得更加尖锐。杰拉尔德应邀到会，公司相关负责人希望他能够就如何转移冲突与该小组成员进行磋商。整个会议过程中，杰拉尔德只是心平气和、静静地坐在那里，听着人们之间进行的激烈争吵，对该团队的困境感到同情。会后，许多人来找杰拉尔德，感谢他所说的伟大的话，感谢他帮他们对事物进行更好地理解。事实上他什么也没说，然而不知何故，他安静地出现却帮助了一些高管从一个更清晰的角度看问题。伟大的爱尔兰诗人威廉·巴特勒·叶芝（William Butler Yeats）曾断言，我们都有能力进入那种平和的状态：

"映像在我们脑海中不断形成，仿若水中的倒影……我们可以让自己的思想如同平静的水面，而聚集在我们周围的一切，可以从中看到自己的映像。生命的时刻因着我们的平静而变得更加清晰，又或许会更加浓烈多彩。"

我们都曾被另一个人的安静所打动。例如，人们常说，仅仅和祖母待在一起，就可以让他们感到更加平静，就好像一切都很顺利，即使身处困境也是如此。这些人似乎有魔力将压力消除。对我来说，那个具有如此魔力的人就是我的教母吉纳维芙。她的脸上总是光芒四射，生活方式平和而端正。我有两个兄弟、两个姐妹，家里充满了我们制造的混乱。但当吉纳维芙来拜访时，我们都会安静下来，表现也都好多了。我们喜欢和她待在一起，那时世界似乎都变得更加美好。她无须说话，就让我们感到自己非常尊贵。她安静的存在比言语更能传达爱和尊重。

安静的参与，全身心投入是平和的本质。我们常常认为必须为到达平和的境界而努力，事实是我们的大脑已经为平和而运转。这是人性的一部分。问题是，我们没有给平和机会，让它为更好的经历打开转换开关。相反，压力变成了我们的自动主导，一天又变成了"战斗—逃跑—僵住"的循环战场。但是平和永远就在这里，只等着你去选择它。

▶ 摆脱焦虑方法 4

暂停三十秒找寻平和

有一个简单易用的方法，可以让你在三十秒内将情绪开关切换到平和状态。这项练习被称为"暂停三十秒找寻平和"。以下是它的工作原理：从你正在做的事

> 情中跳脱出来，暂时远离这个世界的纷扰。放下你心中的任何想法或感觉，让自己完全放松。放空你的大脑，这样做的同时，让大脑慢慢放松下来，就像肌肉伸展时一样，你甚至可能会感到头皮有点微微发麻。
>
> 放松你的颈部和肩膀，这样做的时候，让你的大脑更加放空。暂时放下一切，让你所感知的世界消失：没有担心，没有疑虑，没有目标，没有压力。
>
> 现在慢慢地、轻松地进行呼吸。呼气的时候，让自己的心胸开阔起来。就在此时此地，让平和渐渐渗入你的感受之中，任由它自由发展掌控。
>
> 你可以在任何时间或地点做这个简短的练习，可以是在洗澡、开会时，可以是堵在车上或是等朋友时，也可以是在雨天看向窗外时。一天中尝试几次这样的练习。

有一种方法可以应用"暂停三十秒找寻平和"方法来测试你是否有平和的决心。它来自一种用于治疗A型人格的训练。A型人格是指高度紧张、容易被外界所影响、压力水平极高的个体，他们罹患心脏病的风险比一般人要高得多。为了避免早逝，心脏病专家迈耶·弗里德曼（Meyer

Friedman）设计了一套方法来帮助他们，让他们挑战并实践平和的艺术。这其中一个更具挑战性的练习是，在商店结账时选择最长的队伍，站在其中，练习内心的平静。请你坚持一周做这个练习。当你排在最长的那条队里时，留意自己的思维模式和抗拒心理。这些思维模式可能会对你说，你没有时间，要做的事还很多，你需要赶紧去做下一件。注意自己对店员收款要花多长时间，队伍中的某个人穿了什么衣服，或是某人购物车里的"垃圾"所做的任何评判。告诉你自己，我可以看到平和，而不是这些，就像使用思想觉察方法那样，然后使用"暂停三十秒找寻平和"方法进行练习。

▶ **摆脱焦虑方法 5**

清理大脑

另有一个基于传统冥想练习的方法，可以加深你的平和感。研究明确表明，冥想能够减轻压力和焦虑的症状，并能减少压力症、广泛性焦虑症、恐慌症甚至广场恐惧症患者的症状。它会令你的思想转移到一个更好的所在。有一种方法叫作"清理大脑"，可以帮助你走出烦扰的所在。它有助于清除你头脑中各种嘈杂不断的想法。每天加以练习,这个方法会逐渐填满所有无意义想法之间的空隙,最终到达一个广阔开放的境地,那里平和又安静。

"清理大脑"方法将引导你完成一个非常简单的过程,只需几分钟即可。这样做的目标是将你的练习时间从五分钟延长到二十分钟或更长。首先,舒服地坐在椅子上,双脚着地,双手手指交叉放在膝盖上。坐好之后,用心感受自己的呼吸。下一次呼吸时,闭上你的双眼。然后只需观察你的大脑在想什么、感觉什么、想象什么,而不必介入,不要试图评判或改变它们。这个任务很简单,就是观察你头脑中的心理和情感内容。这个过程刚开始的时候,你的脑中好像除了吵闹和混乱之外什么也没有。大脑似乎在思考、判断和评估的扩散中迷失了方向。任务仍然是一样的:你只需要观察。这期间大脑会给你一种冲动,让你去做些别的;身体也会要求得到你的注意,你只要忽略它即可。

在这五分钟的过程快结束的时候,你要把这些想法、感觉和想象全部放在一边,不是分开对待,而是

> 把它们作为一个整体——它们本质上都一样——然后允许更深、更开阔的自我感受自然地出现。能够观察并放任所有意念的精神品质已经不再是某种思维，而是超越思维的自由。这个境界会将你从忧心忡忡的压力和焦虑中解脱，你将找到本我的真正所在。
>
> 当你的心安静而全然投入时，你可能会对现实的美丽感到惊喜。此外，研究表明，冥想会产生积极的神经可塑性，这意味着冥想的次数越多，你的大脑就越能够重新构建，以持续带来无压力的体验。

标记时刻

无论是使用"清理大脑"方法冥想，还是其他任何方式让你敞开心扉，即使感受到哪怕一丝的平静，都要记住这一刻。我认为标记这些豁然开朗的时刻非常重要，我特地为这个方法设计了一个名字，简单地称之为"标记时刻"。平和的一瞬间弥足珍贵。我们常常认为那一瞬稍纵即逝，认为它没有持久的效果或价值，甚至会认为自己没有获得平和的能力。事实并非如此。这一瞬的平和与宁静非常重要，请让它印在你的脑子里。不必强求这种感受的持续——

只要在它出现的那一刻享受它,在它消退的时候也不要感到烦恼。当你停下来,用标记时刻的方式来记录它时,你就已经让它变得重要了。你的大脑开始把它作为一种正念的常规暗示所带来的奖赏,并逐渐形成这种习惯。下次当你再次感受到平和或快乐时,它可能会变得更生动,持续时间也会更长久。

美国伟大的精神思想家之一托马斯·默顿(Thomas Merton)说:"所有的问题之所以都得到解决,一切都变得清晰,只因为真正重要的事情已清楚明确。""清理大脑"方法实际上还帮你弄清了不重要的事情,也就是所有那些纷杂不断的思绪。这个过程有助于你意识到并抛开那些毫无意义却又不间断的想法,这样你就可以打开心扉去体验你内心深处真正重要的东西。不管平和的感受持续了多久,请标记那个令你豁然开朗的时刻,通过重视它来使它变得更加重要。

"清理大脑"方法也与"思想觉察"方法相吻合。使用思想觉察方法的部分目的是提醒自己,你可以看到平和而不是这个,意思是说,大脑可以不必变成你的"坏邻居",观察所有的纷杂想法即包含在这部分目的当中。所以感到压力时,你要这样对自己说,我可以看到平和而不是这个,回想那些豁然开朗的时刻，用它来指引自己走向平和。这样，真正重要的事情就会变得清晰起来。

如果你在冥想时感受不到一丝的平和，那就继续练习，最终平和将自然而然产生。大脑右半球的神经构造会产生出平和的体验。也许没有人比哈佛大学神经解剖学家吉尔·博尔特·泰勒（Jill Bolte Taylor）博士更能令人信服地解释平和的大脑深层神经回路。不幸的是，这是以中风为代价的。1996年，泰勒博士醒来时发现自己左眼后面有股剧烈的疼痛，她描述那感觉像大脑冻结。很快她的身体就开始变得不正常。当血液流过大脑的高级思维中心时，她开始失去认知功能，很快她也不能正常说话了。这场危机后来被诊断为大脑左半球动脉瘤，这导致了她大脑的逻辑、线性、智力和语言功能的衰竭。当剧烈的疼痛终于平息下来，她感到自己的身体与思想脱节了。原本大脑里所有的喋喋不休都变得沉默，右脑完全掌控了她的感知。接下来是一段近乎涅槃的经历，泰勒博士在接受采访时说：

"就在那一刻，我大脑里喋喋不休的各种声音全部停止了，就像有人拿着遥控器按了静音键一样。任何与我工作有关的压力都消失了。我在内心找到了一种前所未有的平静。我感受到了大脑中完全的宁静。我感受到了快乐。"

每当我在研讨会或演讲中读到这段话，并问听众是否有人想要体会这样的经历时，所有听众都会举起手来。泰勒用了八年时间才完全恢复了左脑的功能。幸运的是，她所找到的平和此后也一直伴随着她。"我可以强令自己进入我大脑右半球的意识。"她说。泰勒博士的左脑重新得以恢复后，她就利用科学家的敏锐洞察力，来增加我们每个人对自己体内的这些深层平和神经回路的理解。

> **摆脱焦虑方法 6**
>
> ## 清除按钮
>
> 有种方法可以提供一条捷径，让你能够安静地参与并充分投入。它被称为"清除按钮"方法。当焦虑产生的想法即将引发压力反应时，你有大约九十秒的时间来进行干预。错过了这九十秒的窗口期，你可能会面临全面的压力反应，以及可能需要一个小时或更长时间才能从中恢复过来。"清除按钮"方法可以让你及时利用窗口期。
>
> 这个方法的工作原理如下：首先想象手掌中央有一个按钮，这便是"清除"按钮。每当有压力即将袭

> 来,你觉得它即将造成更大的反应时,用另一只手的食指按下"清除"按钮,并一直按下去。这样做的同时,想象它正在向你的压力反应系统发送信号让你安静下来。仍然按着这个按钮,在心里从一数到三,每次数数时做一个缓慢的深呼吸,把每个数字当作一种颜色,哪种颜色都可以。在第三次,也就是最后一次呼气时,放下所有让你紧张的事情,回到当下。当你确信自己的冲动反应已经平静下来,重新毫无畏惧的面对现实时,你将在平静所带来的清晰中愈加自信。

"清除按钮"方法也与"思想觉察"方法相吻合。联系思想觉察方法使你能够越来越熟练地识别焦虑、悲观的想法,这些想法会引发压力反应,并使你的大脑充满有毒的压力激素。熟练运用思想觉察方法后,你将能够使用清除按钮方法来打破消极模式,使这些想法无法进一步转变成压力反应。例如,你可能会收到一封你认为带有侮辱性的电子邮件,你能感觉到血液开始沸腾。但因为你能够识别出消极模式,所以你可以用清除按钮方法进行干预,并顺利地通过那个九十秒的窗口期。

在某些情况下，你可能需要重复使用清除按钮两到三次，以清除一个令你紧张、恐惧的想法。按下按钮数到三，然后想对应的颜色，它最终会起作用的。每按一次按钮，就相当于重置九十秒钟的窗口期。勤加练习直到你熟练使用这个方法。它虽然很简单，但还是很有效的。最终，它会让你有能力在一开始就打破紧张的思维和判断。

清除按钮方法具有其神经学基础。正如我在第一章中所说，杏仁核是大脑的恐惧中枢，负责控制压力反应系统。杏仁核在人类两岁时就发育完全了。因此，这种神经回路具有两岁儿童的智力和耐心度。这就是为什么处于愤怒或沮丧状态的人，在全面压力反应的打击中，常常会像孩子一样发脾气。家长们都知道，两岁的孩子发脾气时，是无法跟他们讲逻辑或道理的——你得分散他们的注意力。从一数到三，把每一个数字当作一种颜色，是一种分散注意力的方式。这样做的好处是：在极度的压力下，我们会失去认知和情绪控制能力，因此，我们所感知到的都是些无法解决的问题；而一旦我们让杏仁核安静下来，防止大量压力激素的产生，高级大脑就可以掌控局面并提供创造力来解决问题。

本周的练习

- 每天练习三到四次"暂停三十秒找寻平和"方法。本周中至少尝试一次在商店结账时站在最长的队伍中练习这个方法。
- 每天利用"清理大脑"方法进行冥想,最好能做到一天两次。投入十分钟时间,它会给你带来丰厚的回报。
- 开始使用"清除按钮"方法,每天都全天候使用。先练习几次直到掌握诀窍,然后将其应用于现实生活中的压力源。

方法 4 操作步骤

- 停止你在做的一切,暂时出离于这个世界。
- 放下你的想法和感受,让自己放松一点。
- 感受大脑的放松,就像当你停止扭转肌肉时,它们就会放松一样。
- 让自己更加放松。
- 现在,放下一切。此时此刻,让周围的世界在意念中消失。

- 没有担心，没有疑虑，没有目标，没有压力。只在这一刻放下一切。
- 慢慢地、轻松地进行呼吸。呼气的时候，让自己的心胸慢慢开阔。
- 让平和渐渐渗入你的感受之中，任由它自由发展掌控。

方法 5 操作步骤

每天都看一下这些步骤，直到你清楚如何冥想。

- 舒服地坐在椅子上，双脚着地，双手手指交叉放在膝盖上；坐好之后，用心感觉自己的呼吸。下一次呼吸时，闭上你的双眼。
- 你要做的就是观察，只需任由大脑产生任何内容。
- 留意你的大脑在想什么、感觉什么、想象什么，而不必介入，不要试图评判或改变它们。你只要观察它们。
- 开始的时候，你的脑中似乎除了吵闹和混乱之外什么也没有。大脑似乎在思考、判断和评估的扩散中迷失了方向。你要做的仍然只是观察。
- 留意脑海中来去匆匆的想法，它们所带有的情绪，想象出的画面等。你只要立于它们之外，进行观察。

- 这期间大脑会给你一种冲动,让你去做些别的而不是这个,忽略这种冲动。将注意力集中到呼吸上,继续保持观察。身体也会要求得到你的注意,你只需忽略它,将注意力重新集中在观察上。
- 现在,让你自己沉入思绪中去,想象自己正悄悄地从它们身边沉入水中,不再受到任何的干预或纷扰。把这些想法、感觉和想象全部放在一边,不是分开对待,而是把它们作为一个整体。它们本质上都一样。
- 放空一切,任由你的思想自由发展。当你悄无声息地从自己的思绪中溜走时,你仅需观察而不要介入你逝去的思绪,能够观察并避开所有思考的心智品质不是一种思考,它是思想的自由。它来自思维之外。这是一个超越是非观念的领域,超越了忧虑者的压力和焦虑的状态。放松,让自己全身心感受自由。当你放松时,你就能感受到自由的张力。
- 感受那其中散发出的光。这就是你的本我之所在。
- 当睁开眼睛时,你再抛开一切,回到现实。

方法6操作步骤

每天都看一下这些步骤,直到你清楚该怎么做。

- 按住手掌的中心并持续按压。
- 想象一个电信号传到大脑,让所有的思绪变得安静。
- 接下来,注意你的呼吸。你要数到三,并把每个数字当作一种颜色。以下是具体方法:
  ① 深呼吸,数"1",然后联想红色。
  ② 第二次呼吸,数"2",然后联想蓝色。
  ③ 第三次呼吸,数"3",然后联想绿色。
- 当第三次呼气时,放下所有让你紧张的事情,回到当下,回到此时此地。现在,当你重新关注周围的世界时,当你面对接下来出现的任何问题或压力时,向自己承诺要保持平静。

继续练习

- 继续使用"平和地开始每一天"方法。
- 继续使用"思想觉察"方法。人们经常问我,他们需要多长时间来实践思想觉察的方法?我的答案是你的整个余生。下一个要点也是如此。

7

提升控制感：
无惧外界的噪音干扰

在著名的诗歌《如果》（*IF*——）中，拉迪亚德·吉卜林（Rudyard Kipling）写道：

"当所有的人都失去理智，纷纷责难于你，
　你仍能淡然处之……
　如果你肯等待时机，不急不躁，
　……如果你能坦然面对胜利和惨败，
　对胜负荣辱的虚无缥缈了然于胸……
　那么，你就可以拥有这天地间的整个世界。"

我相信吉卜林所说的"天地间的整个世界"，代表的是我们大多数人所追求的健康、财富和爱。世界是你的，只因为当周遭的一切都在制造麻烦时,你不会成为环境的受害者。不管外面发生了什么,你都要保持内心的平静,让自己变得比环境更强大。你能够在不幸中前行,而不是被它拖垮;它不再能挫伤你的志气,也不会再成为你的绊脚石。冷静让你直面逆境,并以技巧、创造力和适应力来从容应对各种状况。你会调整好航向,继续奋勇前行。

这种冷静的品质,如果坚持加以练习,最终会发展成一种无所畏惧的自信态度,而压力则不再让人不安。在手术室或驾驶舱的情况开始失控,或在运动场上比赛即将开始时,持有这种态度最有可能取得成功。它被称为最佳性能区(the zone of optimal performance)。这个区域能够让你拥有镇定自若的掌控感,从而让你无惧压力、克服逆境并取得成功。北卡罗来纳大学的约翰·席尔瓦(John Silva)说:"毫无疑问,这种经历是真实的。"然而,似乎很少有人真正相信这一点,更不用说去相信我们自身的态度品质会让我们拥有所希望得到的一切。

在某些可怕的情况下,态度往往是你仅存的最后一棵稻草。当面对外部的事实时,你所能控制的只有你内心的姿态。外部,我们称之为"世界",可以定义为我们永远无法完全控制的环境:天气、经济、政治、抵押贷款利率、工作保障、亲属等等。如果你把你生活中不能完全控制的事情列一个单子，那要花上很长时间。然而，不管你如何称呼它——进化、宇宙或创造你的原力，它并没有让你孤身奋战，而是赋予了你通过态度的力量战胜环境的能力。这就是卡尔·门宁格（Karl Menninger）所说的"态度比事实更重要"的意思。一种无所畏惧的自信可以将生活中艰难的事情转化为挑战，使你的生活成为杰作。在卡洛斯·卡斯塔内达（Carlos Castaneda）所著的《力量的传奇》（*Tales of Power*）一书中，唐望说："勇者会把每件事都看成是一种挑战，而普通人则只会把它们看成是好事或诅咒。"换句话说，普通人的命运或不幸都是由环境决定的；而勇者则通过战胜环境来创造属于自己的命运。

压力是态度力量的减弱

压力本身可以定义为态度力量的减弱。理查德·S.拉扎勒斯（Richard S. Lazarus）是世界领先的压力研究者之一，也是里程碑式的杰作《压力、评估及其应对》（*Stress, Appraisal, and Coping*）的合著者，他将压力分为以下两部分。

1. 压力源。拉扎勒斯把它定义为生活强加的任何需求或改变。压力源可以是交通堵塞、令人不愉快的某个人、又增加的新任务、失去工作或你的房子丧失抵押赎回权。

2. 压力。他将之定义为：对于必须要处理的需求或变化，你先是做出评估，然后得出自己的资源无法满足需求的结论。

大多数人都会把"资源"现实化，比如时间、金钱、装备或其他人的支持。所有这些资源都符合我刚才对"世界"的定义。它们都代表了你无法完全控制的东西。如果态度是你在任何情况下都能完全控制的一种资源——它也的确是——那么压力则可以被定义为与态度的力量失去联系。变化的风暴和需求的呐喊可能会在你周围肆虐，但积极的平和态度能够让你站在风暴之眼纹丝不动。这样一来，你就可以依靠高级大脑所自然产生的智慧和理性来行动，因为它不会被大量的压力激素所阻碍。

我经常让研讨会的参与者去解构最近一个特别紧张的局面。我让他们列出五六个明显的压力源，比如人们的某些行为习惯、时间限制、令人分心的事物、坏掉的系统、嘈杂或光线昏暗的房间。一位与会者描述了她在家工作时与项目团队开电话会议的场景。她焦急地想要下载一份文件，但文件怎么也打不开。与此同时，书房外的客厅里，管家打开吸尘器开始除尘，而这又让家里的狗开始狂叫。她只好对大家表示抱歉，从会议中离开去处理这些噪音。结果那花费的时间比预期中要长，因为狗不肯从躲藏的地方出来。当她回到电话会议时，讨论正在进行中，她被告知在她离开的这一会儿，她"自愿"接下了一项她根本没时间做的任务。到了这一步，她气得不敢开口，生怕反应过度，她的情绪就像高压锅一样被压抑着。再过一个小时，朋友们就要来她家吃晚饭了，但当电话会议终于结束时，她压力已经大到丝毫没有精力做饭或社交。所有这些因素构成了她的压力源列表。显然，她无法完全控制这些问题。她唯一能完全控制的是她如何处理每一个问题，也就是她的态度。

等到参与者有了这个压力源列表，我就让他们根据自己所感觉的控制程度对每个项目打分，0分表示没有控制，从1到4分控制程度依次递增，5分表示完全控制。通常，没有人给列表中的任何项打5分，0分倒是有很多。然后，我要求小组成员举手示意，谁会将自己的态度列为他们紧张遭遇中的一个因素。很少有人举手，尽管我们在之前的两次会上已经讨论过态度的力量。人们似乎太容易忘记他们的态度能带来的不同，或者他们根本不相信这会带来真正的不同。我们变得如此专注于外部因素，以至于已经无法理解态度可能带来的转变。

在练习结束时，我要求人们反思，如果他们专注于保持内心的冷静和清醒，而不管外界发生了什么，他们可能会有不同的经历和感受。人们总是说，他们在情绪上受到的影响小一些，处理手头的事情时也会更有技巧和创造力，并且能够保存更多的精力。

无所畏惧的自信是一种态度，它可以使生活成为你的杰作，它是通过学习保持冷静而清醒的内心而获得的。而你的去路上通常有两个障碍，一是失去控制，二是被压垮的无力感。

失去控制

对于那些我们真正在意的事物，一旦对其失去控制，生活就会变得无法忍受。导致失去控制的情绪因素当然是事物的不确定性。我们反复考虑可能发生的事情，不清楚该怎么做才能重新获得控制。导致失控的态度因素更糟，它的表现形式是由于恐惧的悲观主义而导致的自我挫败。这会告诉我们，无论我们拥有什么样的控制权，对后续的发展都毫无办法。换句话说，我们认为自己无能为力。事实上，由于这两个因素,我们的不确定性和自我怀疑源于对所做但又无法控制的事情缺乏清晰的认识。不确定性的焦虑激活了你的压力反应系统,你会草草得出灾难性的结论。

▶ 摆脱焦虑方法 7

三种理智的选择

埃克哈特·托利(Eckhart Tolle)在他《当下的力量》(*The Power of Now*)一书中写道,当人们面对无法忍受的情况时,他们只有三种选择:改变它、离开它,或者接受它。我把这三种选择制成一个方法,称之为"三种理智的选择"。在一个你几乎没有影响力或控制力、令人不安的情况中,这个方法可以帮助你恢复平静的理智。此外,它还可以防止低级大脑向高级大脑注入过量压力激素,以至于破坏你的理智。这些选择看似简单、直接,可能做起来比说起来要难。但是,如果能加以应用,它们可以平复你的焦虑,恢复你的控制感——不一定是对另一个人或事件的控制,也可以是对你自己和选择能力的控制。

选择1：你可以决定改变现状，努力把事情朝着建设性的方向转变。

这个选择意味着你还没有放弃。你愿意努力恢复对事态发展的影响力。同样，这意味着你愿意适应环境，而不是僵硬地推行自己的计划。为了执行这个选择，可能你必须要少些僵硬、防备，多些开放、灵活、创造性，才能实现想要的改变。通常，这需要你愿意用新的眼光来看待问题，并对新的信息持开放态度。它甚至可能需要你愿意从态度和方式的角度来考虑自己需要做出哪些改变，以确保自己能够得到真正想要的东西。

选择2：你可以选择离开。

第二种选择是从已经陷入僵局或完全崩溃的局面中走出来，以恢复清醒和情绪平衡。离开也意味着与生活中某一部分诀别。这个选择可能是痛苦而难以面对的。你极有可能需要一名优秀的心理医生，帮助你克服陷入困境或不健康关系的恐惧。离开的试金石是，当你考虑继续前进的选择时，内心深处所产生的平和感。接下来，挑战就变成了对自己的选择抱有信心，以及拥有坚持到底的勇气。

选择3：你可以完全接受、遵从现状，任何人或事无须以任何方式发生改变。

第三种选择是投降，但这并非贬义。这可能意味着你没有更好的答案来解决当下面临的问题，或者当前的情况并没有那么糟糕，又或者你愿意承认自己也不知所措。你完全接受现状，这意味着你不再抱怨、评判、责备或提出要求。接受是一种内心的转变，它会挑战你，让你如同圣雄甘地所做的那样，把自己先变成期望中的样子。

你现在就可以练习使用这个方法。回忆一个最近对你来说压力很大的情况，回想发生的时候你在哪里、和谁在一起，让它尽量生动起来。回想一下你当时的想法和感受。

现在看看这三个选择，并思考在那种紧张的情况下，哪种选择对你来说感觉最正确。想象如果应用了这个选择时，注意你的压力水平会发生什么变化。对大多数人来说，压力水平会降低。这是因为所有这三个选择都将你的注意力从你的外部——你几乎没有控制力

> 的地方，转移到你的内部——你有很强控制力的地方。它指引你重新选择自己的道路。你的感受现在掌握在自己手中，这可以平复你内心的冲突。反过来这又能够使低级大脑的杏仁核安静下来，而安静的杏仁核意味着没有压力反应。

这三种选择几乎适用于任何状况，包括（特别是）解决家庭问题。一个朋友用这个方法帮助她解决了与丈夫之间的冲突。她希望丈夫下班后能多跟她交流，而不是总去拿啤酒、看棒球。显然，她的第一选择是改变现状，即改变他的行为。丈夫也努力配合她的提议，但他最终做到的也不过是几句简单地寒暄，通常是在冰箱旁，然后又拿上啤酒去看电视了。这当然不是她预想的改变。她变得愤愤不平、心不在焉，于是开始考虑第二个选择，即离开这段婚姻。没过多久，她就发现离开并不是个严肃、成熟的想法。她并非真的愿意这么做，更多的是因为她对丈夫的怨怒和愤恨。

然而，只是看看这个选择，她就意识到自己是多么爱他，而这就平息了她的情绪反应。她又重新看了看选择1（改变现状），认为至少目前需要改变的是她自己的愤怒，是这些愤怒让她认为丈夫一无是处。最终她选择了放手，把注意力从丈夫身上移开，不再去想他在做或不在做的事。相反，她把自己的重心放在让自己变得快乐上，接受丈夫原来的样子：喜欢啤酒、棒球等等。将精力从她身外的境况转向自己的内心，唤醒了她的自我控制感，恢复了她的理智。她可以更清楚地在平和与恐惧之间做出选择，因此她可以变得主动而不是被动，而这也使她变得更加平静。

渐渐地，她和丈夫一起坐到电视前，丈夫教她所有的棒球知识。她成了一个超级粉丝，他们甚至还一起去棒球场看比赛。这些都是她不曾预想到的分享和亲密，最终满足了她最初的愿望。

这三种选择不一定是一成不变的，你可以将它们看作是一个过程。例如，开始你可能试图改变一种情况，然后发现你计划中涉及的对象抵制这种改变。所以你决定走出死胡同，转而接受这个人。你得到的回报是内心的平静。后来，如果情况变得更糟，你可能会决定离开；或者，如果对方的态度改变，你可能也因此再次决定尝试改变。你的选择会随着情况的变化或想法的改变而变动。

运用这个方法的另一个好处是它可以促进自我反思。想象一个对你来说在很长时间里都很艰难的情况。在这种情况下，事情几乎没有改变的希望，那可能有关工作也可能是一段感情。当看到这三个选择时,你的理性思维告诉你是时候继续前进了。然而,尽管如此,你隐隐对做出这个选择感到不安甚至害怕。这会让你感到困惑、不自信,甚至是懦弱。当再去回顾这三个选择时,你意识到,目前所能做出的选择就是接受自己被困住的现实。你可以考虑通过接受心理咨询来帮自己理解内心的力量,这代表你的选择已经转移到改变现状上,只不过不是改变外在,而是改变内在。如果你能迈出这一步,理论上你就已经不再处于受困的状态。

被压垮的无力感

无论外界条件如何,阻止你内心变得冷静和清醒的第二个障碍便是被压垮的无力感。被压垮可以定义为追求多个外部目标却没有一个明确的内在目标。我们的精力会被自己的生活计划和长长的待办事项消耗殆尽,以至于失去了生活的激情。生活变成了无数事情积压的巨大负担。于是我们变得过分关注未来,追求那些我们认为自己需要但还没有的东西,而不是感恩珍惜我们当下已经拥有的一切。

这并不是说外部目标不重要。它们当然重要。有了这些目标,才会有房子、钞票、食物,等到我们的基本需求得到满足后，它们还会敦促我们改善生活。此外，外部目标还使我们能够更充分发挥自身的潜能。但是，如果我们的精神状态总是被外在目标的起伏所控制，生活就会变成一个旋转的情绪木马。我们常常错误地认为，实现某个外部目标会给我们带来平和或快乐，但给予平和或快乐并非外部目标的特性，至少不是它的重要特性。达到目标可能会为我们带来一时的喜悦、成就感或解脱感，但不会带来持久的平和或幸福。很快，喜悦就消失在这个世界强加的下一个问题的阴影中。此外，研究发现，我们只有大约10%的幸福感来自生活状况的变化，也就是说，从贫穷到富有，从小房子搬到大房子，工作上得到升迁，甚至找到灵魂伴侣，我们的幸福感只有10%的提升。另一方面，我们40%的幸福感取决于自己精神状态的好坏。如果幸福对你很重要，那就是你最应该投资的地方。

安宁、幸福和快乐来自内心，而不是来自周围的世界。它们并不是世界给予或拿走的某样东西，而是我们撇开环境而选择的一种心态。这个世界太不公平、太多变，我们无法仅凭自己的判断去相信它。你想成为的人，你想过的生活，你渴望实现的目标，这些都太重要了，不能只倚赖外界的机缘去实现。为了达到梦想中的美好生活，你需要具有明确的内在目标并把它放于首位。奇妙的是,当明确的内在目标成为你的首要目标时,你自然而然能找到实现所有其他目标的方法。

所以,总而言之,你希望能在这个世界上实现的事代表了你的外在目标。当追求外在的目标时,你想要强调的内在品质代表着你的内在目标。结果是整体性的:一个内心更快乐、平和的人,朝着更好的外部目标去努力。这里的挑战在于明确自己的内在目标并把它放在第一位,这样你想要的方式就可以很容易地融入要做的任何事情中去。

> 摆脱焦虑方法 8

基于待办事项的品质目标列表

我发现,最简单的方法就是把你的待办事项和你的目标结合起来,这样就能促进内外两种目标的结合。在本章的末尾有一张表格来说明这一点,我称之为"基于待办事项的品质目标列表"。在其中一列写出你想在生活中实现的三个方面的外部目标:事业、家庭和健康。这些是你的待办事项。下一步,你要列出在努力实现你所列出的外部目标时所需要的品质,使用积极平和态度的方法，这一点也在本章后面提供。你可以为外部目标分配多个品质，最后这些品质便构成了你的目标列表。当你完成这个表格之后，把它贴在你能经常看到的地方，以此提醒自己在完成目标的过程中，你要让自己具备哪些品质。

确保每天经常看看这张表格。这样做的同时，想象一下如何运用你想要增强的那些品质。例如，如果你希望心胸更开阔、更容纳和接受他人，那么就想象在与他人共事时，你会更多地倾听、更少地评判。然后期待你所希望的改变发生。期望是很好的安慰剂。期望也会把你的内在目标推到一天中的最前沿。你越是把注意力集中在你想要改变或强调的品质上，品质就会变得越强，直到它最终成为你的下意识行为。这并不是说你不会失败。你也许会失败，但不要让失败阻碍你。再次选择你想具备拥有的品质。如果你不放弃，便终会有成功的一天。

多任务处理

另一个让我们感到被压垮的根源是多任务处理。二十一世纪的"智能"技术让我们相信，我们可以同时做十件事情，但这样做可能导致我们最终被压垮。我们认为自己是很好的多任务处理者，能够在打电话的同时校对文档、检查短信、发送电子邮件。而事实上，人类大脑充其量只能同时处理两项任务。我们都经历过这样的时刻：在试图同时完成所有任务时，大脑似乎忽然间短路了。忽然间你搞不清自己做到了哪儿，之前做到哪儿，又该往哪个方向继续。这些时刻会触发压力反应系统，你可能因此而困顿或爆发。

斯坦福大学的研究人员发现，多任务处理甚至可能损害认知控制。这项研究的研究人员之一安东尼·瓦格纳说："在来自外界或记忆中的多个信息源同时浮现的情况下，你无法过滤出与当前目标无关的信息。过滤信息失败意味着你会被那些无关的信息拖累。"多任务处理者要多花费40%的时间才能完成某件事。另一项研究甚至发现，驾驶过程中使用手机通话的司机要花更长的时间才能到达目的地。与单任务处理者相比，多任务处理者还会犯两倍的错误，并且压力也更大。而正如你现在所知道的，压力意味着失去完成任务和把事情做好所需的脑力。

当意识到无法应对手中的多重任务时，我发现最好的办法就是先停止你正在做的一切。深呼吸，然后让意念跟随自己的呼吸，完全沉浸到意念中去，让你的思想放松。如果你仍然感到不知所措，可以考虑去散散步。当你感到平静并准备好重返工作时，列一张清单，在上面记下你想做的所有事情，然后只选择其中一个项目，以做好为目的，集中精力完成这项任务。

减速块

在结束关于被压垮的讨论之前，让我们讨论最后一件事。它是一个简单的心态转变，会令某个恼人的时刻——我称之为"减速块"——变成一种友好的提示，提示你去选择平和。

减速块是那些令人懊恼的干扰，通常在你需要集中精力或在压力下完成某件事时它们就会出现。那可能是在你正卡点着急赶工时，门口来了向你推销东西的人；可能是在你需要时坏掉的打印机；可能是汽车仪表盘上的一个警告灯，你开会就要迟到了，而它告诉你汽油用完了；或者可能是在你即将做报告之前，注意到自己衣服上的一个污点。

现在请试着练习称这些烦恼为减速块。例如，如果一个不可避免的干扰发生，先等一等，让那股将事态恶化的冲动过去，然后简单地对自己说："减速块。"用这句话来提醒自己，停下来放松一小会儿。告诉自己，我可以看到平和而不是这个。深吸一口气，让自己投入到平和之中，嘲笑我们都在其中忙碌穿梭的这场人间喜剧。然后放松片刻，让自己回到当下，记住你内心的目标是平和。

本周的练习

- 使用"三种理智的选择"方法，帮你重新获得对于无能为力的情况之掌控。
- 填写"基于待办事项的品质目标列表"。完成列表后，请务必将其张贴在你能经常看到的位置。
- 使用后页所列出的多任务处理过程来打破这个习惯。

方法 8 操作步骤

1. 首先，在右栏中列出你希望在事业、家庭和健康这三个类别中实现的外部目标。
2. 接下来，定义出为了实现这些外部目标，你需要具备的品质。使用下面所示的积极平和的态度中所涵盖的品质列表。在左栏输入这些品质。任何品质都可以多次选择使用。
3. 把工作表贴在你看得到的地方，在你做事情时，提醒你自己要具备这些品质。

基于待办事项的品质目标列表	
领域	成功做到……我需要具备的内在品质	我希望实现的外部目标
事业		
家庭		
健康		

积极平和的态度	
从以下选项中钩选你希望加强的三种品质	
·镇定	·灵活
·对个人权力的清晰认识以及在不损害他人利益的情况下维护自己的权力	·逆境中仍保持信念
·无所畏惧	·值得信任
·不慌张	·勇于迎接挑战
·无忧无虑	·富有同情心
·自信	·愿意原谅他人
·创造力	·不评判或谴责他人
·心胸开阔,乐于倾听和接纳别人	·感受到与自己心灵、与他人和生活本身的紧密联结
·充满好奇	·完整而非破碎感
·精力充沛	·神圣感

多任务处理

- 当发现无法应对手中的多重任务时,停下你正在做的一切。
- 深呼吸,然后让意念跟随自己的呼吸。沉浸到意念中去,让你的思想放松。
- 如果你仍然感到不知所措,可以考虑去散散步。散步有助于消除压力激素和提神醒脑。
- 当你感到平静并准备好重返工作时,列一张清单,上面记下你想做的所有事情,然后只选择其中一个项目,以做好为目的,集中精力完成这项任务。

继续练习

- 继续"平和地开始新的一天"。
- 继续使用"思想觉察"方法。
- 每天练习三到四次"暂停三十秒找寻平和"方法。
- 继续每天使用一次"清理大脑"方法(一天两次更好)。
- 使用"清除按钮"方法清除引发压力的思维模式。

8

给大脑放假：
如何快速恢复精力

有两种方法我称之为"给大脑放假"。一个能让你从压力的环境中解脱出来，如同把你带到海滩上度假，它叫作"预设态度"方法；另一个则犹如带你去做水疗按摩，它叫作"感受治疗"方法。

▶ 摆脱焦虑方法 9

预设态度

在你认为不可能的情况下，预设态度方法有助于形成积极平和的态度。它能帮助你以平和的态度改变任何困难的局面。在遇到困难的情况之前，采取预设态度会为你提供取得成功的最佳机会。在这个过程中，

> 你用一段平静而快乐的时光来保持更好的态度去面对即将到来的焦虑事件，比如一次绩效考核；或者在某种特定的条件下你没能如希望的那样表现良好，例如某次演讲；甚至可能是某种你认为自己无能为力的状况。在这个过程中，你会变得冷静与清醒，这将使你获得对当下状况的掌控感——仅仅因为你不再感到害怕。顾名思义，这意味着你处于平和之中。而且，正如你现在所知道的，平和会刺激高级大脑发挥功能，而高级大脑功能会令你更聪明、更具创造力，并增加最终成功的概率。

我曾经帮助一位经理使用预设态度方法来改善与某位项目成员之间的困难关系。这个人拥有对团队成功至关重要的技术知识和技能，但经理认为这个人起了分裂作用，某种程度上破坏了团队的努力。在几次会议上，她都试图解决这个问题，但都失败了，他们彼此防备并指责对方。经理打算再做最后一次尝试，如果结果不理想，她就要解雇这个人。这样做的压力很大，结果也很关键，但这次她用了预设态度方法为会议做准备。结果比她预期的要好。

预设态度方法帮助经理在会议中变得冷静、心胸开阔、并且似乎更加积极。会议刚开始时，对方看起来很紧张，而她没有把注意力集中在结果上，因为那会打断她的冷静和自信。她耐心地听对方讲话，没有任何敌对情绪，这对对方也起到了一定的镇定作用。他们之间那种紧张关系消散了，两人第一次建设性地讨论了这个问题，并提出了改进的办法。

▶ 摆脱焦虑方法10

感受治疗

给大脑放假的第二个方法是"感受治疗"方法。这是一种用思想来按摩你紧张身体的方法。这一引导过程的目的是促进放松反应，从而缓和压力在你体内沉积的张力。压力使我们肌肉紧绷。这是"僵住"反应的一部分。更多地意识到自己体内的压力实际上很有疗效，可以减轻你所承受的压力。它还可以帮助你学习身体紧张的微妙信号，并系统地释放这种紧张。这个练习的另一个好处是可以刺激阿尔法脑电波的释放，正如你在下一章将要学习的，阿尔法脑电波是即将产生创造力的先兆。

感受治疗的过程很简单：舒服地坐着，闭上眼睛，同时用大脑扫描身体的各个部位，看是否有紧张或不适的地方。不管你是无意识地处于紧张之中或试图忽视那些紧张，仅仅是感受到紧张实际上就可以令它们得到释放。你也可以渗透到任何你所处的情绪状态之中，比如某种形式的悲伤、恐惧或愤怒。同样，你也只是让自己感受到它以释放它。在忙碌的下午，你已经有些疲惫的时候，这种练习尤其能有助于恢复精力。

本周的练习

- 在困难情况下，想要创造积极结果的时候，使用预设态度方法。
- 一天两次，或者当你注意到你身体的紧张时，进行感受治疗练习。

方法9操作步骤

- 舒适地坐在椅子上，双手自然放置，双脚着地。闭上眼睛，回想一个令你感到快乐和平静的特定地点或时间。

- 让回忆变得尽量生动。看看你当时所处的环境。如果有人跟你在一起,那个人是谁?充分体验你在这个环境中的快乐和平静。让自己重新体验这个美好而特殊的时刻。
- 接下来,想一下你所面临的困境,那可能是某个人或一个你认为困难或有压力的情况。想象你正处于这种困境之中。想象会让你感到未来的情况现在就已经发生。把你想象中的快乐、平和带到这种情况之中。当你面对这种情况时,让自己平和、自信、乐观、精力充沛。
- 想象自信让你无所畏惧。你不会再感到失控的无力感。相反,你感到自己才是自我感受的主人。在这种无所畏惧的状态下,你心胸变得开阔,不太专注于结果,因为那会把你从平静和自信中拉出来。结果,你会感觉自己越来越强大,仅仅是因为你不再感到害怕。
- 如果有其他人牵涉其中,那么想象你能够很好地进行沟通,你说出自己所想,同时也认真倾听他人所说的话,而不会对他们产生敌意。
- 想象一下,无论别人做或不做什么,你都能坚定地保持冷静和清醒。
- 最后，无论事情如何发展，想象你仍然平静、自信、精力充沛。
- 将你的注意力集中在当下，当你准备好的时候，睁开眼睛。

方法 10 操作步骤

- 舒适地坐在椅子上，闭上眼睛，感受自己的身体。注意到某个特别不舒服部位的压力，让自己感受到那里的不适或紧张。感受它，不要强加任何判断，放下任何要改变它的想法。只是简单地感受它。
- 几分钟后，再扫描身体另一个地方是否有紧张或不适，如若感觉到，仍然对这种紧张或你自己不做任何判断。不要试图改变你的感受，只是去感受它。
- 以这种方式持续扫描，直到发现你身体的大部分紧张。
- 现在试试你是否能感受到整个身体。问问自己：我整个身体感觉如何？
- 接下来，想象你的身体是中性的，有一个可以通过身体感受到的情感身体。看看你是否能感觉到所出现的主要情绪。你不需要说出这种情绪的名字；只需感受它而不强加任何判断，不对它进行任何改变。

- 最后，让自己逐渐放松。释放所有的情绪。释放所有的紧张。放下一切，完全放松。
- 将注意力集中到自己的呼吸上，跟随它做几次呼吸。然后睁开眼睛，环顾四周。把你所见事物的颜色和形状纳入脑海。以一种全新、警醒的方式出现。把这一刻当作新的一刻来拥抱，然后放松下来。感受简单意识内在的活力。

继续练习

- 继续"平和地开始新的一天"。
- 继续每天使用一次"清理大脑"方法（一天两次更好）。
- 使用"清除按钮"方法清除引发压力的思维模式。
- 继续使用"思想觉察"方法。
- 每天练习三到四次"暂停三十秒找寻平和"。
- 如果在某种情况下你感到无能为力，记得使用"三个理智的选择"方法。

第三步

超越压力
——充分发挥大脑潜能的关键

9

提升大脑创造力：
让左脑休息，右脑自然浮现创意

在一篇关于伟人的文章中，威廉·詹姆斯把大脑的创造过程描述为"一个思想的沸腾的大熔炉，在那里一切都在混乱的状态中飘荡"。科学界刚刚开始深入了解这个"大熔炉"的深度，并理解创造力是如何从中产生的。不过越来越清楚的是，有关创造力的一些传统的普遍观念并不真实。

事实1：每个人都有创造力

我们过去认为，人们要么天生就有创造力要么就没有，但事实并非如此。创造力并不是一些人拥有而另一些人没有的功能。创造力与一个叫作前颞上回的神经网络有关，它与大脑右半球的某些部分协同工作，产生创造力。然后，这种洞察力再被传递到左半球，形成实用的创新想法。每个人的大脑都具备进行这种创造性过程的能力，这并非少数人的特权，区别只在于特别有创造力的人发现了激发创造力的诀窍。在本章的结尾，你会看到这些诀窍。并且，令人开心是，挖掘这种天生的潜能是相对无压力的。仅仅是让人们待在涂成蓝色的房间，就可以使他们的创作成果翻一番。蓝色代表着天空和海洋，它能够唤起更加平和、快乐和放松的反应。几乎任何一种充满活力的平和态度都能激发出来，你就打开了通往创造力的大门。

事实2：注意力缺陷激发创造力

人们普遍认为，创造力的产生需要强烈、持续的关注。情况并非如此。许多研究表明，高创造力的人允许更广泛的信息进入他们的意识，而低创造力的人往往注意力更狭隘，从而使他们的灵感受限。当你需要创造性的解决方案时，持续专注并不是最好的方法。宾夕法尼亚大学的一项研究发现，所谓的提升脑力的药物可以让大脑连续八小时专注于某个问题，但最终它不太可能为解决问题提供任何真正的见解。

更能说明问题的是孟菲斯大学霍莉·怀特博士最近领

导的一项研究。她发现，被诊断为注意力缺陷多动障碍（ADHD）的学生在创造力测试中得到了惊人的高分，而这在很大程度上是由于他们难以保持注意力集中。怀特说："ADHD患者可以接受一个想法，并将其扩展到许多不同的方向。本质上，注意力缺陷使他们富有想象力。相比之下，没有注意力缺陷的人会吸纳进很多想法，然后把它们都放到注意力中心。"怀特还调查了在艺术展和科学展上获奖的学生。在各个领域，患有注意力缺陷多动障碍的学生都获得了很多奖项。他们的注意力不足被证明是一种可以产生创造力的幸事。爱因斯坦就周期性地进行他自称的思想实验。他静静地坐在椅子上，任由自己的思绪游荡，有时甚至持续几个小时。他说，正是在这种注意力涣散的状态下，他的大部分创造性见解才得以诞生。

事实3：创造力是浪费时间的结果

当我问许多高管如何保持竞争优势时，他们大多数都会说，要专心致志、埋头苦干，确保公司产品的领先地位等。成功当然需要艰苦地工作，但同时也必须要有创造力。想要带来尖端的创新，就需要远离枯燥乏味的工作。它是在安静的休息中诞生的。然而，我所认识的一些最聪明的管理者，一想到每周给员工一天以上的时间让他们自由利用，就感到不寒而栗。他们认为这是一种巨大的时间浪费，很难想象从中产生任何有成效的东西。而同时，所有公司又都希望关键人员具有创造力，因为所有公司都明白，没有创新就没有竞争优势。大多数公司不明白的是，爱因斯坦说"创造力是浪费时间的结果"，他的意思是大脑需要一个常规的空闲时间来促进创造力，从而产生突破性的思维。

3M公司是最早了解如何促进创造力的公司之一，它的一系列创新都是传奇性的。几十年来，公司一直鼓励员工利用其15%的正常工作时间来追求自己的创意，即使这些创意超出了3M的战略追求。公司把这称为"15%规则"。员工可以随心所欲地使用这15%的时间，管理层相信，这段时间会带来宝贵的创新想法，事实也一次次地证明了这一点。15%法则最著名的成功案例是科学家阿特·弗莱发明的便利贴（Post-its）。在利用15%的时间休息并思考如何为教堂唱诗班制作赞美诗书签时，他想出了这个产品。15%规则深深植根于3M公司的企业文化之中，正如公司的一位科学家所说，"你可以从头到脚感受到它。"公司的员工戏称它为"白日梦"。3M的高层让员工们可以安心大胆地做白日梦，并且对工程师们的产品新想法不设限。

其他大公司通常对 3M 的 15% 规则持怀疑态度。3M 公司前研发高级副总裁莱斯·克罗表示："我们允许如此多的自由,这是不可思议的。15% 的理念与标准的控制管理理念背道而驰。"3M 甚至说,创新是公司的增长引擎,知识产权比"冰冷的钞票"更有价值。但事实证明,2012 年,3M 实现了 300 亿美元的销售额,申请了 3102 项专利,每股收益超过 6 美元。它有约 5 万条产品线。据统计,它已经注册了近 23 000 项专利,其中大部分灵感都来自 15% 规则。

谷歌是为数不多效仿 3M 做法的公司之一。实际上,谷歌把时间提高到了 20%。它的 20% 规则也产生了同样令人刮目相看的结果,其中就包括 Gmail 和谷歌地图。

事实 4:没有和平,没有欢乐,没有创造力

在我们的文化中,饱受折磨的艺术家是种常见的刻板印象,它宣扬了一种观念,即你必须忍受痛苦才能创作。但美国著名的电影制片人、视觉艺术家和作曲家大卫·林奇却并不这样认为。

林奇说,创造力不应该受到伤害,快乐才是创造力的最高境界,而不是痛苦。他说:"很长一段时间里都有这种说法,你必须受苦才能创作,而真相却恰恰相反。如果

你在受苦,哪怕是一点点的痛苦也会削弱你的创造力。事实上,你越快乐,越清醒和放松,创造力就越强。然后,那些想法会更新奇、更流畅、更快速,而且会越来越多地冒出来。"

此外,西北大学的马克·比曼博士是世界领先的创造力研究者之一,他发现负面情绪会阻碍创造力的释放。他的研究表明,人们在积极的情绪中能更好地创造性解决问题。"积极的情绪,"比曼博士说,"不仅可以拓宽你的兴趣范围,而且可以进一步加深它,让你以新的方式看待问题并想出创造性的解决办法。"例如,仅仅到 YouTube 上看一段小孩大笑的视频,就可以提高认知灵活性。

美国著名舞蹈家玛莎·葛兰姆[1]对舞蹈的影响常常被比作毕加索之于绘画,斯特拉文斯基[2]之于音乐,弗兰克·劳埃德·赖特[3]之于建筑。她曾说,艺术是建立在"全身心去聆听的一种态度"之上,"作为一名艺术家,你有义务让通道打开"。

---

1. 现代舞创始人之一。
2. 西方现代派音乐的代表之一。
3. 四大现代建筑大师之一。

神经学已经确认这个"通道"便是大脑的右半球。自从诺贝尔医学奖获得者罗杰·斯佩里定义了大脑分为左右两个半球之后,我们就知道了这个科学事实。如果你手里拿着一个人脑往下看,你会看到两个独立的脑叶(或大脑半球)呈波浪状的灰质并排排列。它们一起形成大脑皮层,即高级大脑。尽管在肉眼看来,这两个半球几乎完全一样,但它们在功能、处理信息和行为方面几乎是极性相反的。左半球负责与逻辑、分析、计算、理性和字面释义相关的抽象性思维。它还构建了你个人的自我意识,使之与其他任何事物区分开来。左脑为人类带来了科学、技术、大多数的社会系统,以及生活常识。

右脑负责进行概念、整体、直觉、想象力和隐喻等相关的形象思维,它让人类幸运地拥有了艺术、哲学、灵性以及幽默感。它也会促进产生深切的平和感,会超越理性的左脑思维或因"自我"而生出的孤独感。

走进大自然时,大多数人都能通过自身精神状态的变化来识别出右脑的感受。当你漫步在海边,听着海浪拍打的声音,呼吸着咸湿的空气;当你停步在森林里,听着风急速吹过,闻着树叶的味道;或者当你穿过山间的草地,双手抚摸过高草丛的叶梢,大脑的这种感受便自然而然产生了。你变得平静,你的忧虑、疏离和委屈都消失了;你开始感到与周围的世界融为一体。"自然的平和,"约翰·缪尔写道,"会像阳光洒进树叶一样洒进你的身体。风为你带来它的清新,风暴为你注入它的能量,而忧虑会像秋叶一样落下。"

这种体验的能力是由大脑右半球的灰质波动而带来的。一些活动可以让这种波动幅度加大,例如在野外散步后,接下来你可能会变得非常具有创造力。几年前,在拉森火山国家公园的一次徒步便令我创意勃发,并持续了近一个月的时间。当时,我遇到了许多沉重的问题。我沿着树荫下的小溪行走,我的心不禁向周围的美景敞开,烦恼渐渐消失了。突然,我觉得与周围的一切都融为了一体。自从做了脑部手术,我就患上了耳鸣,它让我其中一只耳朵里永远嗡嗡响个不停,只有那天是个例外,我在小溪边拥有了五分钟的美好时光。在那五分钟里,耳鸣完全消失了。十五年来,我第一次清晰地听到大自然发出的纯净声音,就好像她只在为我歌唱。我不知道自己的右脑是如何令那一刻产生的——但它确实发生了。我沉浸在这种感受里,甚至没有意识到耳鸣的消失,直到它再次响起来。但我的心却一直敞开着。在接下来的一个月时间里,我的创造力空前,不仅解决了令自己困扰的大部分问题,还出版了一本诗集。这本诗集最终成为大学文学课阅读单上的推荐书籍之一。

"每个大脑半球,"斯佩里写道,"似乎都有自己的独立性和私密性。它们有自己的感知,自己的概念,自己的行为冲动,以及相关的意志认知和学习经验。"也许描述两个脑半球区别最简单的方法是,右脑就像是森林,而左脑则像是森林里的树木。这两个半球通过两亿个叫作胼胝体的神经纤维相互沟通。当两者之间的互动很和谐,你就能获得更多的智慧,更好地进行创造性思考,并把创造力转化为有形的创新。有些人认为数学是严格意义上的左脑操作,但美国陆军和墨尔本大学的一项联合研究发现,当左右脑一起工作时,数学能力才能达到非凡水平。

下表描述了右脑和左脑的属性。在你度过自己常规的一天时,花时间想一想自己的情况,然后看看表中最能描述你具体情况的大脑特征。

右半脑／左半脑		
	左半脑	右半脑
思维方式	抽象的,线性的,分析的	有形的,整体的
认知方式	理性的,逻辑的	直觉的,艺术的

续表

右半脑／左半脑		
	左半脑	右半脑
语言	丰富的词汇，良好的语法、韵律和句法，散文式的	没有固定语法和韵律，词汇简单，隐喻的，诗意的
执行能力	内省，有意志力，主动，自我意识强，专注于细节	自我意识弱，主动性低，专注于整体
擅长的功能	阅读、写作、算术、感觉运动技能，抑制精神体验和信息	音乐，丰富的梦境意象，良好的面孔和整体识别，接收精神体验和信息
时间意识	井井有条，可以衡量	此时此刻，无法衡量
空间感	相对弱	非常好，形状感、立体感同样出色
精神分析方面	次级程序，自我功能突出，意识强烈	初级程序，梦想工作，自由联想

两个半球就像两个完全不同的人，有时会用错误的方式互动，甚至是产生摩擦。有位科学家将两者的区别比作亚里士多德（左脑）和柏拉图（右脑）。而我认为两个半球就像一对夫妇，一个在右边，另一个在左边，胼胝体在两者之间提供关系咨询。他们的关系需要调解，因为他们

经常不和。右脑犹如"沸腾的思想之锅",创造性智力由此而来,但对于谨慎和自制的左脑来说,右脑似乎完全不具备任何智力。

从左脑的角度来看,右脑似乎是一个狂野、情绪化、口齿不清的梦想家。就连罗杰·斯佩里在诺贝尔奖获奖感言中也没有一句关于右脑的好话。他把右半球描述为"相对迟钝"的脑部,并提到,与左半球相比,它"不仅哑巴、失语,而且诵读困难、语聋,患有失用症,并在很大程度上缺乏较高的认知功能。"这种描述跟电视情景喜剧《蜜月期》(*Honeymooners*)中拉尔夫·克拉姆登对爱丽丝的吼叫如出一辙;只不过斯佩里的语言更学术些。后来,斯佩里通过研究发现了右脑更多的功能和能力,他之前对右脑的负面观点完全改变了。

我们的许多社会系统和机构都建立在这种对右脑持有的负面看法之上。科学革命把左脑放在很高的位置,并使它在我们的文化中占主导地位。随之而来的工业和信息革命巩固了它的统治地位。因此,具有创造性、直觉性、情感性、艺术性的右脑常常被碾压。这就是男性认为女性低等的原因。右脑代表的所谓"先锋派"不被当下社会所接收,正如德国叫改革家威廉·里斯所说,我们的学校正充斥着"智力的过度增长,以及想象力和灵性的萎缩"。

我们的左脑文化已经与充满创造力和美感的内心世界日渐脱离。这一点,你可以在艺术和建筑中看到,可以在音乐中听到,也可以在文学作品中读到。现代世界的丑陋包围着我们。当从纽约中央火车站乘车北上去西点,或从伯克利的巴特站乘地铁到旧金山时,我总是惊异于眼前那长长的丑陋风景线。好不容易才挨到列车驶过那些左脑设计的城市乱象,我可以看到窗外的自然景观,但那也已经被破坏得伤痕累累。

当左脑占主导地位时,它优越的智力、语言技能和驱动力就会压倒右脑的活动,将其拒之门外。这会让我们付出巨大的代价。失去了右脑功能,你就失去了直觉,那么智力不起作用的时候,你就不知道该怎么做了;失去了右脑,你就失去了那种神奇的能力,那种能力可以让你从不相关的事实、图像和记忆里提取关键信息;失去了右脑,左脑就失去了将点连成线的能力。你会记不住别人的脸,也无法解读他们的意图;你的声音会缺乏语调,你将无法表达情感。如果这还不够糟糕,没有了右脑,比喻性的语言变得无法理解,你只能理解词语的字面意思。因此,你会听不懂笑话、隐喻、讽刺、行话或修辞,你的左脑无法消化这些微妙的语言。你不会明白故事或诗歌的含义，不会欣赏到画的美感，也不会感受到音乐的动人。你的趣味或行为将没有机会转化为艺术。并且，可能最悲惨的是，你将无法达到内在的深度平和，也就无法获得万物相和谐的体验。

仅仅为了获得理智，你要放弃的太多。这就是为什么雷·布拉德伯雷[1]在一次采访中宣称"思考是创造力的敌人"，他的建议是"不要思考……你解决问题的方法不是直接去思考答案，而是让问题在时间里发酵。"

这句话的另一种说法是，把创造力留给右脑。爱因斯坦也有同样的感受。他说，作为左脑的一部分，语言在他的创造性思维中似乎没有任何作用。相反，他从图片中看到了自己的想法，这些想法恰恰来自右脑。在爱因斯坦看来，"创造性思维"的本质特征首先是以符号和清晰程度不同的图像形式出现的。他首先研究这些符号和图像，然后再将它们转换成可理解的语言，把想法传达给他人。

德雷塞尔大学的约翰·库尼奥斯是世界领先的大脑和创造力研究者之一，他将创造力定义为对问题解决方案的

---

1. 著名科幻小说家。

突然意识，而很少或根本不去追寻问题发生的原因。本质上它是种顿悟。当大多数人把注意力转移到需要以创造力解决的棘手问题上时，左脑便开始以线性、理智、以任务为导向的方式进行紧张的精神探索，但事实证明，左脑并不具备解决思维扭转性问题的必要洞察力。

研究人员发现了这一点，他们用一个字谜来测试创造力的基本工作机制。这个字谜测试被称为远程关联测试（如果你有兴趣参加这个测试，可以在本章末尾找到它的副本）。给实验对象三个不同的单词，要求他们在一个复合词短语中找到一个与每个单词都能关联的单词。例如，beef（牛肉）、glass（玻璃）和 hog（猪）这几个词的答案是 ground（磨碎的、土地），它们放在一起分别是 ground beef（牛肉末）、ground glass（碎玻璃）和 groundhog（土拨鼠）。在这个测试中，左脑的问题是它不具备右脑的能力，看不到看似遥远的片段和不相关片段之间的关系，并这些片段连接起来形成一个整体，也就是说，在这个测验中，它无法找出解决给定问题的那个单词。左脑不善于把一个片段和另一个片段联系起来。它只能盯着眼前的这棵树，而相反地，右脑可以透过树木看到森林。

马克·比曼博士的研究发现，在远程关联测试中，左脑提出的解决方案几乎都是错误的。他发现,当试图用智力解决一个需要创造力的问题时,你通常会陷入困境。左脑会变得一片空白,并最终放弃。具有讽刺意味的是,当你不再努力寻求答案时,它却往往会像阳光穿透云层一样到来。陷入僵局的那一刻,右脑捡起了左脑没能解决的问题。大脑活动从左脑向右脑发散,以自发、自由、非线性的方式探索问题。

换句话说,左脑停止了寻找答案的努力,这恰恰让右脑有机会找到答案。右脑会爆发出一股阿尔法波,发出某种内部转变的信号。当大脑从目标导向的任务中得以暂停,阿尔法波活动随之增强,但这并不意味着你的大脑一片空白。它实际上是在努力工作。在答案于脑海中出现前的三分之一秒,右脑会出现伽马波活动。当高级大脑活动被激活时,伽马波的活动会达到顶峰。伽马波的节奏将感知、思想、联系和记忆聚集在一起,形成一个新奇的想法。当伽马波出现的灵光闪耀时,你失败的懒散状态不见了,眼睛闪闪发亮,大喊一声"啊哈!"令你突然开悟的神经整合发生于停止思考的某个瞬间,停下来后,安静的右脑深处所产生的想法才能呈现。

▶ 摆脱焦虑方法 11

停下并保持平静

产生创造力的关键是要把左脑暂时从问题上移开，这需要你停下来并保持内心的平静，以便看清右脑中产生出了哪些创造性想法。当代著名艺术家李禹焕[1]曾说过一句关于停下来的妙语。他说："焦躁、忙碌的人们啊，停下来安静地待上一会儿。看看蓝天。闭上眼睛做个深呼吸。只要能做到这一点，你就会改变，整个世界就会焕然一新。"有几个简单但行之有效的方法可以让你停下来保持平静，从而打开获得创造力的渠道。

停下并保持平静方法 1：通过休息和在绿色环境中散步来激发创造力

为了激发创造力，这是你在白天可以做的最重要的事情之一。一些世界上最伟大的突破就是发生在左脑休息时，因为那无意中为右脑创造了发挥其魔力的空

---

1. 著名韩国画家。

间。其中最著名的例子该属苏格兰发明家詹姆斯·瓦特，他改进的蒸汽机是工业革命的基础。瓦特为改进蒸汽机尝试过很多种方法，但这些努力几乎都失败了，直到有天他又陷入了僵局，于是索性停了下来。然后他出去散步以摆脱这一切。当他放松下来时，他突然经历了一个深切而出人意料的创造性时刻，这最终促成了蒸汽机的完美改造。他说："整个方案出现在我脑海中的时候……我甚至还没有走出高尔夫球场。"

休息会让大脑处于状态，在这种状态下，点连成线，一切都变得清晰明了。休息还可以改善记忆，达到所谓的"记忆巩固"，这对创新思维或学习新事物至关重要。被认为是睡眠研究之父的内森·克莱特曼发现了"基础作息周期（BRAC）"。这个周期大约每90分钟重复一次。在基础作息周期的前半部分，脑电波以很快的速度振荡。这时你感到完全清醒，能够保持注意力集中。而到了周期的后半部分，你的脑电波开始减慢，直到这个周期的最后20分钟，你会开始感到飘忽和疲累。

在脑电波快速活动阶段，每个脑细胞会利用钠和钾离子产生电信号。但是快速的脑电波会将这些离子耗光，这意味着你的大脑需要一段时间的休息来恢复钠钾量平衡。恢复过程可能需要20分钟的休息，之后随着能量反弹，大脑会再次产生快速的脑电波。克莱特曼发现，在持续90分钟的活动后进行一段时间的休息，是令人类表现最好的永久性规律周期。也正是这样，我们才能做到更多。

相关研究表明，基础作息90分钟周期是达到卓越的最佳方式，这是由安德斯·艾利克森[1]所发现的。他的团队研究了那些已经成为演奏大师的人，尤其是那些万里挑一的年轻小提琴家。他发现，这些小提琴家普遍把每次练习的时间严格限制在90分钟以内，他们会把这个周期在一天中系统分配，练习结束后便进行悠闲的休息，有时甚至是午睡。

大多数人无法想象每90分钟就要离开工作岗位的状态，产生这种反应的一部分原因是负罪感。休息会让人感觉自己像是在"翘班"；休息的概念还会引起

---

[1] 心理学家，《刻意练习》作者。

焦虑，认为这会使我们落后于人。对很多人来说，休息的舒适感被强迫性的冲动所压倒，这种冲动要求我们必须埋头苦干。从科学的角度来说，我们需要改变这种心态。休息会让你变得更有效率，获得更大的创造力和掌握力。

这并不是说事情进展顺利时你也必须休息一下。这里的重点是要在你的脑力到达谷底之前监测到它。最消耗脑力的事莫过于，为你的努力提供能量的离子行将用完，而你仍然强迫自己继续。

如果你暂时无法做到每90分钟休息一次，那么可以先从上午和下午的间歇休息开始。条件允许的话，你可以看看窗外或者出去走走，接触一下大自然。在休息的时候，确保在你脑海中打开一个舷窗，让创造力有呈现的机会。我确信，这样做所带来的创造力及大脑功能的改善将激励你在一天中增加更多的休息时间。

此外，每周在绿色环境中散几次步，每次20到30分钟。研究发现，如果每周三次适度步行，持续一年后，大脑的连通性和大脑功能将得到增强。步行可以为大脑提供充足的氧气和葡萄糖，而这些氧气和葡萄糖是大肌肉在有氧运动中所消耗的。葡萄糖和氧气是大脑进行运转的燃料。

此外，埃塞克斯大学的一项研究发现，每天适量接触大自然有益于人们的情绪、自尊和心理健康。这一结论来自在英国进行的十项研究，来自社会各界的超过1200名研究对象参加了这项统计。它揭示了自然活动——研究人员称之为"绿色运动"——对健康十分有益。"绿色运动"包括公园散步、园艺、骑行、钓鱼、划船、骑马和耕作等。

其中一项研究发现"绿色"的确很重要。这项研究选取了20名抑郁症患者，比较了他们在郊野公园和室内购物中心散步30分钟的好处。在野外散步之后，71%的人反映他们的抑郁程度降低了，并且不再感到那么紧张，而90%的人声称他们的自尊心增强了。相比之下，在购物中心散步后只有45%的人反映抑郁程度有所下降。对于被精神痛苦所困扰的人来说，"绿色运动"现在被认为是在临床上有效的治疗方案。

最后，请离开你的办公桌，好好休息一下。一项来自德国的研究发现，在餐馆里跟同事或朋友吃午餐，比独自一人坐在办公桌前吃饭要更加轻松。坐在桌前吃饭的人通常一直在工作，而与朋友共进午餐的人则更可能会暂时放下工作。因此，当回到办公室时，他们会更有活力和创造力。

停下并保持平静2：腾出空间让想象力游离

加州大学圣芭芭拉分校的本杰明·贝尔德和乔纳森·斯库勒的一项研究表明，让大脑游离的简单任务可能有助于创造性地解决问题。在这项研究中，研究对象被要求解决需要创造力的问题。经过一次测试，贝尔德将实验对象分成三组，并各给他们分配一段所谓的休息时间。在这段时间里，研究小组让其中一个小组忙于一项要求很高、需要脑力参与的任务；第二组被分配了一项简单、不用动脑的任务，可以预见的是，这会令组员最终游离出神。第三组根本没有任务。休息之后，他们都会去做创造性解决问题的测试。测试结果出来时，精神游离的那一组解决了更多的问题。这一定程度上解释了为什么3M公司的"15%规则"

能够产生作用,以及为什么3M公司的员工称之为白日梦。

所以,不要担心,让自己的思想时不时游荡一下。如果右脑白日梦的海洋产生了某个创新想法,你只要保持有足够的意识将它带上岸即可。

停下并保持平静方法 3:如果找不到解决问题的办法,那就睡一觉吧

早上起来,检测一下右脑有没有给你带来什么新奇想法。你可以将这个检测过程融合到"平和地开始新的一天"方法中——这个方法你应该已经在使用了(或者,如果还没有,这里就是你的第二次机会)。研究人员发现,在睡前或清晨醒来后不久,人们常常会有新的发现。在这些时候,大脑的右半球比其他时间更活跃。放松、梦幻、看似游离的大脑状态让你能够接收各种稀奇的想法。

遗憾的是,大多数人并没有利用这扇窗口进入大脑创造力的熔炉。对大多数人来说,早晨是匆忙的,于是他们可能与创造力擦身而过。某天早上,缝纫机的发明者伊莱亚斯·豪并没有急于醒来。相反，他坐在床上沉思着昨晚右脑做的一个梦。他梦见自己从一群食人族那里逃命，而他们就快要追上他了。他转身去看食人族已经多近时，发现他们所持长矛的毛尖附近有个洞。那天早晨回想这个梦时，他的脑海里忽然闪出顿悟之光。矛上的孔与他在失败的缝纫机上使用的针眼相似，但有一点不同：他机器上的针眼在针轴的中间，而不是针尖上。他跑到自己的实验室，把针眼移到针尖部位，就像梦中看到的那样，瞧，缝纫机发明了。

这个故事的寓意是，在陷入清晨的忙碌之前早点醒来，花点时间打开你的右脑，看看它有没有产生什么新想法。你可以在第二章所学的"平和地开始新的一天"练习中，很容易地把这个环节加进去。醒来后，坐在床上，花点时间看看右脑是否有什么想法，如果你正面临一个难以解决的难题则更有必要这样做。安静地进行几分钟的倾听之后，再去做"平和地开始新的一天"平常的那些练习，也就是唤起积极、平和的态度，来构建自己美好的一天。

> **停下并保持平静方法 4：偶尔，花点时间想想值得感恩的事来增加脑内的阿尔法波活动**
>
> 最近的研究发现，更感恩的人拥有更高的健康和幸福感。正如我之前所说，在衡量幸福的标准上得分高的人比感到压力的人更有创造力。不快乐会使你的创造力比随机概率略低，这表示如果你有创造性思维，那将会是个意外。所以想想那些值得自己感恩的事物，给创造力的产生添上一臂之力。
>
> 加州大学河滨分校的实验心理学家索尼娅·柳博米尔斯基发现，每周将感恩的事写下来一次的人比每周写三次的人更快乐。"当某件事情做得太频繁，"柳博米尔斯基博士推测，"它就失去了新鲜感和意义。"因此，每周一次，回忆一下过去一周中发生的三件令你感恩的事情，然后让自己认识到在生命中有三件事是令你感到幸福的。

启动右脑

除了我概括的内容，你还可以做一些其他令右脑转换到创造性的高水平的事情，它们有的甚至似乎有点傻，但却真的有效。

大笑：如果觉得自己的创造力在衰退，那么可以做一些让你发笑的事情来增加你的幸福感。你可以到YouTube上搜索婴儿大笑的视频来实现这一点。相信我：他们会让你大笑的。这些视频不仅好玩，而且还会让人感到温暖。它们会让你感到更开朗、更快乐，而这会立即提升你的创造力。你还可以看上一集自己最喜欢的情景喜剧，或听听你最喜欢的喜剧演员所讲的段子，这都会为你带来同样的乐趣。

把墙壁涂成蓝色：正如我之前提到的，把办公室、书房或工作室涂成柔和的蓝色，这已经被证明可以刺激右脑，增加创造力。

捏球：不管你信不信，用左手捏球也能激活右脑（你的右脑控制你的左侧，反之亦然）。在一项研究中，两组实验对象被要求在捏球之后进行远程关联测试。他们一组用左手捏球；另一组用右手捏球。该研究的假设是，左手收缩导致右脑激活，从而在远程关联测试中获得更好的分数。结果显示假设确实成立，左手捏球的那组分数提高了50%。露丝·普罗珀的一项研究证实了这些发现。所以请你来试试吧。买一个直径5厘米的实心橡胶球——这种球通常用作狗的取物玩具——左手握球，用力挤压两组，每组45秒。两组挤压之间一定要休息15秒，然后把你的注意力放回到需要提高创造力的问题或项目上。

旅行：偶尔到某个新鲜有趣的地方度周末可以刺激你的右脑。在异国旅行可以更大幅度地激发你的创造力，在异国生活一段时间可以产生更大的效果。旅行带来的所有新鲜、兴奋的经历，会让创造力和产出达到顶峰。我们都知道欧内斯特·海明威、F.斯科特·菲茨杰拉德、格特鲁德·斯坦因和毕加索都曾离开故土去巴黎居住，事实证明，这些艺术家们很清楚自己在做什么。有五项不同的研究都探索了国外生活与创造性天才之间的联系，发现许多创新型活动都与之有关。

散步：创造力枯竭时，散步是提高创造力的强有力解决方案。斯坦福大学的研究人员研究了170多人在走路和坐着时的创造性发散思维。他们发现，人走路时的创造性产出平均增加了60%。走路可以让思想自由流动，即使你回到办公桌上，创造性思维也会持续。在长时间散步的过程中，贝多芬会在脑子里谱写交响乐；而史蒂夫·乔布斯更喜欢在散步的时候开创新会议。

本周的练习

我的承诺		
填写下面的表格并开始练习		
我承诺每天早上早起	___分钟	积极地开始每一天
我承诺每周都会拿出一次时间，数数令我感恩的事	在星期___这天	在以下日期开始： ___/___/___
每天我会在这个时间段休息一下	上午___点	下午___点

方法 11 操作步骤

"停下并保持平静"方法会促使创造力时刻的产生。

- 每隔两小时休息一次。在绿色环境中散步。
- 腾出脑部空间任自己的想象力四处游荡。
- 如果遇到无法解决的问题，不妨带着疑问入睡。醒来时，坐起来看看你是否得到了某种答案。
- 每周一次，数一数值得感恩的事。

继续练习

- 继续"平和地开始新的一天"。早醒一会儿,探索一下睡觉时右脑所酝酿出来的任何见解。
- 继续每天使用一次"清理大脑"方法(最好两次)。
- 使用"清除按钮"方法清除引发压力的思维模式。
- 继续使用"思想觉察"方法。
- 每天练习"暂停三十秒找寻平和"。
- 如果你对某种情况感到无能为力,请使用"三种理智的选择"方法;如果你身体上的紧张感增强,请使用"感受治疗"方法。

10
修复大脑损伤：
享受彻底放松的休假很重要

除了每天的休息，你还需要度假。葡萄牙米尼奥大学和美国国立卫生研究院综合神经科学实验室的一项联合研究表明，若长时间处于压力之下，高级大脑功能会出现衰退，而度假对于恢复其功能至关重要。在这项实验中，老鼠被分为两组：一组被施以慢性压力，另一组则没有。在实验开始之前，两组老鼠都被训练按下一条控制杆来获得食物奖励，等到它们熟练了这种方式，研究人员就转成手动喂养来改变食物获取方式，这样一来它们都不再需要按下控制杆。这意味着两组老鼠基本上都是免费获得食物的。

然后研究人员让一组老鼠以随机的、不可预测的方式在21天内持续承受压力攻击。而这些老鼠不知道下一次攻击的确切时间，于是变得更加紧张。研究人员会对老鼠进行适度电击，然后将它们浸入水中，还让阿尔法雄性大鼠欺负它们。由于承受了这些外来压力，这些实验鼠的行为变得失去了聪明理智。它们的大脑完全忘记了能够免费获得的食物，而是一次又一次地按下控制杆。它们失去了对更佳方式的认知。研究人员还发现，行为的改变反映在大脑结构上。一方面，压力激素的累积令高阶网络(higher-order networks)减少并萎缩，而这些高阶网络是执行决策和目标导向行为的关键。另一方面，它加强了与习惯形成相关的原始网络（primitive networks）。压力反应形成的习惯通常是坏习惯。结果导致大脑陷入一个无休止的循环中，无法检测和纠正低效及无效的行为。

"在压力大的动物身上，行为会更快地演变为习惯。"研究负责人努诺·索萨博士说，"更糟糕的是，压力大的动物不能回到目标导向的行为上，虽然那才是更好的方法。"长期处于压力下时，你就失去了这种能力。陷入困境的大脑会让你一次又一次地做同样的无用功。你最终会陷入一成不变的困局，找不到出路。

但在这惨淡的画面中也有好消息,研究人员发现这个问题是可逆的。仅仅四周的假期就足以让神经可塑性治愈老鼠的大脑。高级大脑网络将重新生长,伴随着大量智能的释放和运作,过度生长的功能障碍网络得到修整。只要给它机会,大脑是非常具有韧性的。它可以扭转压力造成的伤害,建立起新的网络,提高你的能力以获取成功。

但要让积极神经可塑性发挥其神奇作用,你必须给大脑时间来治愈,也就是让它休假。大脑需要你暂时远离前一年的压力。遗憾的是,很多人并不会这样做。超过三分之一的美国雇员并不计划休完整的假期。而在休假的人中,只有14%的人会到外地一次休假两周或两周以上;在去外地休假的人中,有82%的人每天至少一次检查办公室工作状况,有40%的人每天多次检查,37%的人将智能手机、笔记本电脑和平板电脑都带在身边。

《纽约时报》的一篇文章曾报道过曼哈顿一名公关人员四年来首次正式休假。文章里写道:"飞机一着陆,她就检查手机上的工作信息。一到酒店,她做的第一件事就是找到商务中心。"然后,头两天的大部分时间,她都待在房间里,因为天气状况而闷闷不乐。在旅行的剩余时间里,她也一直查看电子邮件和电话留言。这描述了当今人们度假的新常态。

最近我在蒙特利半岛度假。站在海滩上面的沙丘上,我眺望着壮美的景色,却惊讶地看到许多成年度假者都低头盯着自己的智能手机,而不是看向大海和天空;而在他们周围,孩子们都在玩各种手持设备,而不是建造沙堡。

这样的休假并不会给大脑带来休息机会,让它从前一年的压力中恢复过来。我们应该把假期想象成一个神经重症监护室,在那里我们的状况要求我们必须远离外界的压力和紧张。

放下工作,敞开心扉迎接休闲与冒险所带来的新生,这需要一种精神上的锤炼。我们可能会担心在离开的这段时间工作量会成倍增加,或者担心那些雄心勃勃的竞争对手会趁这个空当在老板面前花招百出,抢走我们的位置。要摆脱这些恐惧,并意识到生物学证据鼓励我们将工作撇下几周,这非常需要勇气。如果你这样做了,有证据表明,你会带着一个全新的大脑重新开始工作,而这个全新大脑所产生的能量,将助你在接下来的一年里更创佳绩。

▶ 摆脱焦虑方法12

利用度假治愈大脑

离开之前，把你假期的目标定为成功地感受爱、平静与快乐。这三种都是治愈大脑的良药。一定要和工作助手或值得信赖的同事制订好计划，以便在紧急情况下与你联系；然后将你的电子邮件设置好自动回复，电话设置好语音留言，在其中都留好遇到紧急问题时你的后备支持人员。

等到了目的地，要承诺你的手机只用来接打本地电话，而不是打到办公室；你的平板电脑只用来看书或玩纸牌，而不是工作。如果必须使用工作设备，一定要坚守原则，即它只针对紧迫而不可避免的问题。让那些不紧急的商务信息保存到语音信箱，不要让自己早上第一件事就是被淹没在各种邮件里。

安静地开始每一天。敞开你的心灵和思想，迎接假期带来的新鲜和自由。试着练习放下对电子设备的痴迷。让眼睛离开它们，看看你周围的世界。提醒自己，你度假的地方并不是在手机上。

> 全身心投入当下。放下过去和未来任何可能带来压力的事情。放下忧虑和评判。将自己的关注点放在和你一起的亲人身上。抓住机会重新发现、欣赏他们身上的可爱之处。

如果没钱度假怎么办？

我明白金钱、时间、家庭负担和工作压力都会妨碍假期的成行。即使如此，你的大脑仍然需要时间进行修复，所以不妨创造性地思考如何得到一些休息和放松。这太重要了，尤其是在你压力满满的一年里。人常说："有志者事竟成。"下面就是三个令大脑得到休息的建议，但也请不要局限于此。无论选择以什么方式来关爱你的大脑，关键是要远离工作电话和电子邮件，并遵循我刚刚给出的假期指南来治愈你的大脑。

1. 四到五天的假期：正如我在创造性大脑一节中提到的，离开几天有助于激发创造力。把周末延长两三天，让自己有充足的恢复时间来降低压力水平，进而对大脑进行修复。

2. 宅度假[1]：宅度假是最近出现的热门词儿，虽然人们这样做已经有几百年的时间。宅度假可以给大脑修复所需的时间，但你可能需要更加努力才能远离工作。如果你有孩子，家里又有后院，你可以用搭起帐篷弄一个露营地，然后花一两个晚上住在那里与孩子们凝视星空。

3. 换房：你可以通过换到某个新居住环境，给自己一个比宅度假更棒的假期。你可以与信任的人换房居住，如果对方恰好也有类似度假需求的话。

本周的练习

本周为自己制订一个休假计划，即使现在到那时还有几个月的时间。计划一下你要出行的时间；想想你希望去的地方；如果有钱或其他问题，那么考虑一下别的选择。为自己安排好一个假期，你的大脑会感谢你的。

1.：宅在家里的度假方式。——译者注

继续练习

- 继续"平和地开始新的一天"。早醒一会儿,探索一下睡觉时右脑所酝酿出来的任何见解。
- 继续每天使用一次"清理大脑"方法(最好两次)。
- 使用"清除按钮"方法清除引发压力的思维模式。
- 继续使用"思想觉察"方法。
- 每天练习"暂停三十秒找寻平和"。
- 如果你对某种情况感到无能为力,请使用"三种理智的选择"方法;如果你身体上的紧张感增强,请使用"感受治疗"方法。
- 使用"停下来并保持平静"方法:拿出时间休息。在绿色环境中散步。如果遇到无法解决的问题,不妨带着疑问入睡。醒来时,坐起来看看你是否得到了某种答案。每周一次,数一数值得感恩的事。

11

成就完整自我：
摆脱羞愧，发现自己的优势

我的一位朋友曾经历了几个月的艰难时期，她的公司出现了现金流问题。她不停地拆东墙补西墙，这让她感到自己很不诚实，每天都压力巨大。有一天，她去自动取款机取一些零用钱，而那时她正处在特别焦虑的档口。把银行卡塞进插卡口时，她突然感到一阵极度的压力和恐慌。一时间，她幻想着取款机突然打开，联邦调查局的人从里面出来逮捕她，罪名是欺诈。当然，这很荒谬，我朋友不禁嘲笑自己，虽然她仍然焦虑得很。

这种压力反应很可能是由羞耻感引起的。羞耻感会让你的心跳加速，让你感到不安和脆弱。被逮捕的幻想是又一个很好的例子，说明长期处于压力之下时，低级大脑会让我们的想法变得多么疯狂，就像它在"我害怕什么？"练习中对那名销售员所做的那样。害怕被视为失败，不管我们是否真的失败了，都会激起被遗弃的恐惧。

当受到某种社会评价或社会排斥的威胁时，羞耻感是我们感受到的主要情绪反应。西格蒙德·弗洛伊德把羞耻定义为一种社交焦虑，它会导致人们被别人对自己的看法和评价所控制。休斯敦大学的布琳·布朗博士研究发现："羞耻感即恐惧……害怕被世界孤立。"她把这种恐惧描述为："害怕被别人认为有缺陷，不值得被接纳。"正如你已经知道的，恐惧总是意味着压力。

羞耻感会产生一种潜伏而挥之不去的想法，令我们认为自己有欺骗或别的问题，必须隐藏起来，因为如果别人发现了，他们就会把我们赶出圈子。羞耻感建立在层层的自卑和自我贬低基础之上。成长的岁月里，如果父母数落我们的错误，朋友和兄弟姐妹嘲笑我们，教练和老师忽视、批评我们的才能和努力，羞耻感就会慢慢植根在我们的自我观念中。羞耻感是家庭功能失调的根源，会导致社交恐惧症、饮食失调、家庭暴力、校园霸凌及药物滥用。它是从一种反复、消极的自我抹杀模式发展而来，这种模式深深地刻在大脑中，产生一种根深蒂固的想法：我不够好。

最终，它变成了一种自我挫败的信念：我不够好，因为我有问题。这种情绪上的负担太重了，我们的大脑无法承受，所以我们把它压抑在大脑的一个黑暗角落，而在那里它更加恶化。羞耻所描绘的是健康幸福的反面。它阻碍我们——正如人本心理学之父卡尔·罗杰斯所说——"朝着完整、诚实、统一的人生方向前进。"

当面临别人的评价时，我们都会感受到一定程度的社交焦虑。我的情况是，主持完每个企业研讨会时，我都要接受别人的评价。在过去，评价时间对我来说压力巨大。如果四十八个人把研讨会评为优秀，两个人评为一般或很差，我的大脑就会始终集中在这两个不愉快的分数上。较低的分数让我感到不安，那似乎代表我不够好。这实在是可笑。有一次培训过后，我的工作伙伴要求我阅读积极的评价，并让它们影响我。我发现自己真的很难接受这些好话。这给我敲响了警钟，我想去弄清羞耻感所导致的压力反应的根源。

毫无疑问，羞耻感会造成压力。害怕被批评、评判、拒绝或贬低会带来极端的压力。相对于工作压力，羞耻感对我们的身体，以及我们的健康和幸福更加有害。"人们认为所有的压力都会对身体产生同样的影响，"旧金山加利福尼亚大学的玛格丽特·凯门尼博士写道，"但是别人的看法对你所造成的压力是极其巨大的,与过度工作所造成的压力一样甚至还要更多。"她刊登在《个性杂志》上的研究发现"对我们社交自我的急性威胁,会增加压力激素和伴随羞耻感的促炎性细胞因子[1]的活性"。"急性威胁"是指被批评或被拒绝的痛苦。压力激素和促炎细胞因子活性的增加意味着羞耻感相关的压力反应会抑制大脑的高级功能,并最终使你患上严重疾病。

羞耻是社交焦虑,而焦虑会引发压力反应。压力反应系统是用来应对威胁的,特别是对我们社会自我的威胁。当人类生活在野外时,对我们社会地位的威胁可能意味着被驱逐出部落,而这又代表着死亡。因此,对大脑的恐惧中枢杏仁核来说,社会威胁是一个严重的生存问题,也是激活压力反应系统的原因。如今我们已经不生活在野外,及时羞耻感的坏处多多,但往好的一方面看,我们还可以重新调整大脑以做出不同的反应。神经精神学家丹尼尔·西格尔说:"通过培养将注意力集中在内心世界的能力,如

1.一类主要由免疫系统细胞生成的具有许多强大生物学效应的内源性多肽,可介导多种免疫反应。——译者注

同正在拿起一把'手术刀',我们可以用它来重塑自己的神经通路,刺激对精神健康至关重要的大脑区域的生长。"换句话说,神经可塑性可以使我们的大脑重新布线,以减轻羞耻感。在这一章中,我们要以重新连接大脑的方式,来打开通往达到完整自我的大门,而不是任凭羞耻将我们撕得粉碎。

建立认识

多年来,研究人员一直在探索羞耻与压力关系的根源,他们的发现可以帮助我们更清楚地意识到羞耻感的驱动力,以便我们能够加以改变。卡罗尔·德韦克是情绪发展研究的领军人物之一,她发现羞耻感的产生过程在生命早期就开始了。她对三年级学生进行了一项研究,旨在弄清楚孩子们考试不及格的原因。她发现,那些没有完成作业的男孩通常会被批评"你没有专心听讲"或"你没有足够努力"。女孩们通常会被批评"你算术不够好"或"你真马虎,没有好好检查"。德韦克在学生间进行了一项实验,她给他们一个无法解出的字谜。当她问孩子们为什么解不出这个谜时,男孩子们表现得似乎满不在乎;有些男孩生起气来,说这个字谜很傻。女孩们则表现得谦逊得多,回答通常是

"我不够聪明"之类。

德韦克实验及之后一系列羞耻感相关的研究发现，人们的这种反应模式会一直延续到成年。面对羞耻感所造成压力，男性往往会把其转化为愤怒，形成一个"羞耻—愤怒循环反应"。他们会陷入一个恶性循环：对愤怒感到羞耻，然后又对羞耻感到愤怒。有时，过度刺激杏仁核会引发暴力。根据心理学家唐纳德·内桑森的说法，每一次家庭暴力事件都源于羞耻感。

另一方面，对于羞耻所造成的压力，女性则遵循"羞耻—羞耻循环反应"。她们会因感到羞耻而羞耻，而这会让她们产生更羞耻、激烈的压力反应。这个迂回的过程最终会演化成抑郁。

无论男女，羞耻感都代表着一种神经学模式，它会激活有害的压力反应，并绑架人性中好的一面。这是压力反应模式中第一个需要意识到的部分。这意味着我们要抓住羞耻的最初迹象，观察恶性循环的发展过程：羞耻在男性的愤怒中爆发，在女人身上倍增。在这里，"思想觉察"方法可能会有所帮助，首先是发现羞耻的状态，其次是驱散那些导致羞耻升级的信念。建立意识是其中的关键。在第三章中，我阐述了仅仅建立意识就可以打开一扇大门，让你可以重新构建已经固化的大脑网络。同样的方法也适用于改变羞耻感充斥的大脑。

羞耻练习

让我们做个简单的练习来增强觉察，与羞耻感做近距离接触。想象你度过了快乐的一天，你成功地完成了一个项目，所以很高兴，迫不及待地想在即将召开的会议上分享自己的成功。想象时，让那种兴奋的感觉尽可能生动。接着，想象自己来到会议上跟同事们坐在一起。你热情地分享这一天的成功，期待你的同事能够同样感到高兴并祝贺你。然而他们没有。听到你的成功，他们除了点点头没有做出任何特别的反应，甚至有人立即改变了话题。没有人跟你一样兴高采烈，他们对你的成功故事毫无兴趣。

这会让你有什么感觉？这对你的成功产生了什么影响？对你的自我观念又产生了什么影响？

如果这种情况真的发生在你身上，就很可能会引起羞耻反应。你的兴高采烈会立刻消失。一开始，你会感到痛苦，然后是压抑，并最终为自己的成功感到难堪。你恨不得找个地缝钻进去。之后，你可能会感到受伤和愤怒，这最终演化成抑郁，令你更加感到自己无用。羞耻感会让你把别人的冷漠或麻木放在心上，它会让你把别人的这些反应理解成：我有问题。在这种情况下，你的羞耻感会由这种从快乐到痛苦状态的快速过渡而产生，这种过渡会涉及交感神经系统和副交感神经系统的碰撞。

对项目成功的喜悦感，以及想要分享它的兴奋感，会激发交感神经系统。这个系统是大脑的加速踏板、提速马达。当你兴高采烈的时候，你的内心就会对生活充满无限肯定。

副交感神经系统起的则是刹车作用，它是别人对你的成功反应冷漠的结果。这种耻辱会让你突然停下，突然切断自己的欢欣。这是外界的否定在碾压你内在的肯定。我经常把这种交感—副交感神经之间的碰撞说成是"肯定"和"否定"的碰撞。

"我错了"练习

接下来，我们来做另一个练习，训练自己在犯错时，意识到羞愧的感受。想象一下，你为某项目创建了未来六个月的预算，根据预算该项目会有盈余。于是，你给老板发了一份总结，说由于会有盈余，因而没有必要削减开支。第二天，你发现预算中有些计算是错误的，而一旦修正，就会产生令人不安的赤字。你呆坐在那里，意识到自己犯了错误，而且必须告诉老板。这种情况下，你认为会对自己说些什么？在组织一些大型活动时，我会犯下一些类似的错误，我骂自己的话可以说不堪入耳。

这种犯错后充满羞耻感的思维定式斥责着我们。它告诉我们本可以、本应该怎样做却没有做到，结果我们既责怪自己，又认为别人也有错。一直以来，我们总是在自己身上贴满各种"应该"。我们对别人抱有很多的"应该"，反之亦然。而感受到羞耻的大脑必然会引发"战斗—逃跑—僵住"反应。

"理想自我"

卡尔·罗杰斯发现羞耻感塑造了所谓的"理想自我"。但这个"理想"并不是指一个更好的自我，而是个不真实的自我，一种虚假的幻象。它是羞耻的滋生地。它是一个理想中的自我形象，让我们认为自己应该是怎样的，却又永远无法达到的一个标准。它代表了真实自我和理想自我之间的差距，"我是"和"我应该是"之间的差距。这种差距使我们的自我意识产生了不一致，反过来又产生了一种不自信的感觉，让我们禁不住问自己："我是谁？"最终，我们变得迷茫，而没有什么比迷茫更让人紧张的了。

认知行为疗法的创始人阿尔伯特·埃利斯发现，人们通常责怪自己的三个羞耻型语句，最终会导致神经官能症。

1. 第一种句型是"我犯了个错误""我做错了一件事情""我搞错了"。这可能会引发负罪感或挫败感，但如果我们就此止步，危机就只代表一个需要纠正的错误或是需要吸取的教训，却增加了成长或发展的机会。

2. 第二种句型是"我犯的这个错误""结果很糟的这件事""我搞错的这件事""我的这种行为方式，说明我这个人有问题"。这代表内疚或沮丧变成了羞耻。它让我们告诉自己"我不够好""我不够聪明""我不够值得""我不配被爱"。而所有这些都使我们相信——"是我不好，无论什么样的惩罚都是我应得的"。埃利斯把这种反应定义为个人道德谴责。埃利斯说："这是个人与其行为表现之间的完全混淆。而这正是'我不好'这句话所造成的伤害。"

3. 第三种句型是"我还会再犯错的，甚至是更大的错"。换句话说，我们对自己失去了信心。

我们害怕犯错，更多的是因为我们知道会对自己施加精神上的惩罚，而不是因为这个世界真的会对我们怎样。

最终，羞耻心会令你压制自己的错误以避免糟糕的感觉，阻碍你从错误中学习，而这只会增加重犯错误的可能性。在这种状态下，错误不能教会我们任何东西；它们无法成长为知识。压制的问题在于它没有选择性。我们不能只用痛苦的情绪，如羞耻，来麻木自己，却不让自己沉浸于美好的情绪之中，如喜悦、激情、平和。压抑会使大脑的情绪系统迟钝，而情绪系统问题最终会导致抑郁症。

情况还会变得更糟。我们再也看不到自己值得肯定的地方，只能狭隘地看待自己的长处、优点和贡献。赫伯特·奥托对人的潜能进行了开创性的研究，发现大多数人只能列出五六个自己的优点，但自己的缺点却能写满一两页纸。当盖洛普咨询公司[1]要求美国工人找出自己的优点时，三分之一的人说不出自己的任何优点。

如果这种状况不加以改变，我们将不会在工作中体验到快乐，不会为自己的成就感到骄傲，内心也不会获得安宁。

---

1. 全球知名民意测验和商业调查、咨询公司。——译者注

我们不可能真正地了解自己，也不知道自己能够成为什么样的人。由羞耻感所定义的生活，势必只会充满压力而非成就与满足，无法令我们发挥自己的全部潜能。

布琳·布朗发现，没人愿意谈论羞耻，"你越不想谈论羞耻，你就越有羞耻感"。要改变这一点，首先要停止压抑羞耻感，把羞耻感带到阳光下。重复一遍，意识是改变我们大脑连接方式的第一步。下面的小测验有助于识别出由羞耻感驱使的思想和行为。它就你如何看待自己与他人和周围事物的关系，列出了一系列描述，钩选与你情况最相符的条目。

测验完之后，再看一遍。不管你钩选了多少，每一种描述都反映了羞耻所带来的思想、信念和行为。重要的是更深入地审视你钩选过的条目，并更清楚地意识到这种情况在你的生活中是如何出现并阻碍你成长的。慢慢来。不要评判自己，也不要谴责自己，提醒自己那只是羞耻感在悄悄溜过。放下任何评判，只需意识到羞耻感是如何在你身上发生的，看看它的根源于何种信念。然后逐渐了解如何去改变这种状况。如果你不去相信那个想法，不以那样的方式看待问题，不再有那样的行为表现呢？在探索自己的模式中获得的意识越多，你就越能够改变现状。

羞耻测验

我总是认为自己做得不够好。

我抗拒"坏"的情绪，努力做到情绪"好"，但却时常发现自己被"坏"情绪所控制。

我把情绪看成是软弱和自制力差的表现。

我不敢挑战权威，即便我能想到更好的办法。

在工作中，即便不自信也有必要表现得自信。

我把自己想象成是个快乐、有安全感的人，即使我感受并非如此。

在面临挑战时，我总倾向于逃避。

我经常掩饰自己的真实感受。

我更在意别人如何看我，而不是遵从自己的内心。

在情感表达方面，我通常比较克制自己，但我的情感往往比我表达出来的更强烈。

我感到有必要防备他人。

在一段亲密关系中，我很难感到有安全感。

有时我说出的话让我不寒而栗。

有时，当我记起过去的遗憾时，我会畏缩不前。

别人与我意见相左时，我感到被拒绝。

跟别人交流时，我不愿进行眼神接触。

我不太喜欢收到礼物。

在我人生的这个阶段，我感到自己没有预想中成功。

我总是试图讨好别人。

增强你的优势

目前为止,我们所关注的是羞耻感的负面影响,这是一种让人疲惫不堪的压力,会让大脑高级功能减弱,并让梦想无法实现。现在,让我们转向好的方面,让平和、快乐、幸福、充分发挥潜能成为关注的焦点,完全从羞耻感产生的压力中得到解脱。首先你可以采取简单的第一步,尽量减少让自己感到差劲。这包括以普通或特别的方式,静静地认识到你每天所做的不同。你已经练习了这个步骤的一个版本,即"标记时刻"的过程,但在这里你可以用它来标记那些你已经做过或已经做得"足够好"或"特别好"的事情。

每当你注意到自己所做的事情,无论大小,对某人或某项成果有积极贡献的时候,你都要记下这一刻:大到带领一个团队走向成功,小到让一个孩子露出微笑;并且也请记下你越来越能够选择平和而不是压力上所做的改变。让自己体验一份出色工作所带来的平静和满足感,感受因培养自己的天赋和力量而取得成果的那份喜悦。在那些时刻,停下来告诉自己,这些成就非常重要。

▶ 摆脱焦虑方法 13

优势发现

还有一个方法可以帮助你凸显自己的优势。它被称为"优势发现方法",它会为你展示出自己的优势列表,如同你无形资产的"播放列表"。此外,它还可以帮助你着重识别并强调自己的优点和才能,这是一剂解药,可以消除羞耻感对你的否定。不要着急,慢慢来。我的猜测是,如果在钩选每一项时让自己感受到自己的个人优势,那么在盘点结束时,你会相对不再有那么大的压力。

在下表中钩选出你所拥有的任何优势。现在有没有展现出这种优势并不重要,它仍然是一种力量,所以请钩选一下。好好想想,不要着急。选择好所有与你相符的词条后,请从头到尾看一遍,并仔细想一想每一个描述你的词条。如果你正在发挥某些优势,那么请回忆一下自己是如何、何时使用了它们;考虑一下你如何增强这种优势。如果这是某个你没有用上的优势,那么想一想如何把它应用起来。

> 这个方法并不是用完即"归档"的。当你回想度过的一天时,它应该放在你面前,来提醒你,何时使用了某种特别的优势,又何时展现出了某种特别的人品。使用优势发现方法,并在做得很好时承认你所带来的不同,这是一种认知再训练的形式,可以对抗你头脑中那些源于羞耻感的声音——它们说你不够好。它能改变你的自我观念和感受。正如你现在知道的,感受的变化会改变你的大脑。在这种情况下,它会激活神经可塑性,使你重新获得更强的自尊,而不是持续的羞耻感。练习识别和承认自己的优点至关重要,它会降低你的压力水平。而另一方面,生活在羞耻感中则会导致持续压力。

你还可以在优势发现方法的描述列表上进一步展开。这个方法是用来抛砖引玉的,你要在它的基础上再接再厉。回想一天时,如果发现自己身上有某种不在列表里的优势或品质时,请将它记下来。

优势发现方法	
整体优势	分析优势
你是：	你是：
擅长社交	组织性强
有艺术细胞	系统性强
智力超群	井井有条
能动性强	逻辑性强
运动能力强	注重细节
有灵性	谨慎
喜欢户外活动	推理性强/有洞察力
创新优势	社交优势
你是：	你是：
有创造力	开明
原创性	乐于支持他人
有想象力	有头脑
有新意	好客
大胆	善良
有直觉力	合群
好奇	具同情心
有洞察力	包容
敏感	宽容
有远见卓识	善于倾听

续表

优势发现方法	
创业优势	工作优势
你是：	你是：
酷爱学习	与人协作
自信	决策力强
务实	效率高
有说服力	注意力集中
热忱	公平
精力旺盛	上进
灵性优势	情绪优势
你是：	你是：
有爱心	自我意识强
平和	平衡
踏实	上进
真实	体贴
宽容	热情
感恩	快乐
接纳/不妄加评判	幽默

在寻找自己的优势时，要广泛地进行思考。有一些优势会从你的生活角色中显露出来，比如作为父母、教练、老师或慈善机构志愿者；也有一些是性格上的优点，比如幽默或开朗。有些人际交往优势能让你在人际关系上表现

出色，比如擅长倾听。优势还包括你具有的一些天分，比如擅长艺术、机械、科学、数学、历史等。有些社交技巧能够让你成为一个很好的沟通者，还有些工作技巧能够让你成为突出的贡献者。个人优势的范围很广，所以在你找寻自己优势的过程中，要广泛地进行思考。

而且，正如我所提到的，不要忽略那些你目前没有使用的优势；它们仍然是你的优势。例如，有人擅长画画，但可能有段时间没画了，这仍然是他们所拥有的一种艺术优势，可以得到进一步发展。如果有些优势别人比你拥有更多，或者比你更擅长，这也仍然是你的优势。例如，乌比·戈德堡[1]作为演员的实力并不会因为梅丽尔·斯特里普[2]的成就而丧失。即使你有时会误用，它也仍然是你的优势，比如幽默感——有时那可能会伤害别人或变成嘲讽。

在发现自己优势，认识到自己与众不同的过程中，你脑海中可能会有个声音说，专注于自己的优势，这是骄傲的表现；或者说，认识到自己与众不同是缺乏谦卑的表现。

---

1. 好莱坞著名演员，曾获"奥斯卡最佳女配角"奖。
2. 好莱坞著名演员，多次获得"奥斯卡最佳女有角"奖。

事实上恰恰相反。真诚地肯定自己美好而真实的一面实际上会使你谦卑，而谦卑的心也即感恩。所以请把这个方法看作是种感恩之情的表达，感恩你被赋予的才能，感恩你所带来的不同。你甚至可以把这种对才能的感恩加到"每周数数感恩的事"练习中。我们有责任培养和扩展自己所拥有的天分，承认它们是令它们成长的一部分。当丑陋、批判的羞耻感将要抬头时，用"思想觉察"方法把这些负面、愤世嫉俗的想法引入到意识之中，并选择不相信那些想法，然后看看这会如何影响你的压力水平。

充分完善的个体

克服羞耻感是我们成为充分完善个体的重要部分。有关人如何完善自己，让我总结一下卡尔·罗杰斯所说的话。他说，这是从接受自己——最真实的自己开始的。它是指缩小理想自我和真实自我之间的差距；缩小你认为自己应该成为的人和你现在真实身份之间的差距。这需要你要意识到那些你虚伪掩饰的时刻。它是越来越能看清自己的外表和伪装，并将它们放下；它是能够明白，表里不一的没有帮助；明明不知道，却假装知道也不会对你有所帮助。对自己的经历敞开心扉是人格改变的关键，这包括对情感敞开心扉。你越能体验所有的情感,就越不会害怕任何情感,包括羞耻感。这使你能够发现并纠正错误,看清误解并让它们解开,并能够识别和改变消极行为。罗杰斯发现,你越相信自己的经验,经验也就越能成为你的权威。其他人的想法和判断,虽然仍然被考虑在内,但并不会让你否定自己。正如艾伦·瓦兹[1]所说,"当一个人不再把自己与别人定义的自己混淆时,他就立刻变得完整和独特。"

因为你的开放性,你能够少一些评判,多一些同情他人以及自己。人际关系变得更有意义,再也不同于躲在虚假面孔下,两个充满羞耻的灵魂相遇时感受到的那种无聊。你可以接受自己并不完美,不总是按照自己希望的方式运作,或者达到自己希望看到的结果。没有人能够做到这些。但通过这种理解,你会发现,虽然并不完美,但你已经足够好。这是一个奇怪的悖论,接受你自己的缺点、优点以及其他的所有,实际上正是你完善自我的方式。自我接纳对于摆脱压力至关重要,因为这是一条远离羞耻的道路。

---

1. 英国著名哲学家。

下面是一个完整人格的品质列表。从今天开始，钩选这张列表上你想要增强的三个品质。一旦在选择的品质上取得了进展，就可以返回此列表并选择另一个或多个要改进的品质。

完整人格品质表	
在以下列表中钩选你想要增强的三种品质	
主动型强	有创意、好奇、好学
乐于接受自己的生活经验	好的倾听者
能够经历自己的所有情感	无条件去爱
不心存戒备，能够接受自己	给予建设性的回应
有接受自己不完美的勇气	善于协同合作，民主
不评判他人	乐于倾听别人的意见和观点，但并不会被其左右
活在当下	有同理心和共情能力
目标明确	能够宽恕他人
不管遇到任何情况，相信自己能够找出最佳办法	能够给予和接收肯定和赞赏
	能够全身而退回归宁静

美国国家心理健康研究所认定，卡尔·罗杰斯是美国最有影响力的心理治疗专家。他从大量的研究中得出结论，

人性的核心是"极度理性""本质积极""完全值得信赖"。罗杰斯对你和你的潜力给予了高度评价,也许比你对自己的评价还要高。罗杰斯的观点之所以有说服力,是因为它是基于研究所得出的。

花一点时间想想,你身上有一种非常理性、非常积极、非常值得信赖的天性。这是你的核心品质,而人性的潜在力量就根植于大脑的神经回路之中。把手放在头顶上一会儿,想想大脑中有上千亿个神经元在跳动,这令我们完成了所有的事情:不管是把钥匙插入汽车进行启动,还是激发左脑从右脑捕捉创造力并将其转化为艺术品。一千亿个神经元相当于银河系中恒星的数量。下次当你在晴朗的夜晚来到大自然时,抬头看看银河系,想想这些数不清的闪烁光线代表了你的大脑里所包含的东西。然后再想想,在一个庞大的网络系统中,有多达一万个突触一个接一个地连接着神经元。把它们放在一起,你就有一个近似无穷大的天文值。不妨想象一下这个系统能让你变得多么强大——世界各地的博物馆中满是证据。它还让我们有能力去爱、建立关系、组成社会。它令我们愿为上善之道贡献一己之力,并且,经过适当的训练,它会令我们得到开悟。而这些,只是它影响力的十之一二。

下面是一张名为"你的整个大脑"的表格。它列出了令人们成为充分完整个体的大脑功能。这些特质代表了一个充满活力、情绪积极、没有压力的大脑，使你能够在生活中取得成功。请认真查看整张表格，同时钩选那些你想要发展或增强的品质。你的大脑在等待神经细胞的发展来唤醒你的内在力量。这些神经形成的过程，反过来，是在等待心态的改变；而这种心态的改变正在等待着你的行动。

你的整个大脑
钩选你希望增强的品质
执行功能，提高你在计划、战略、决策、抽象思维、认知灵活性、错误检测和目标导向行动方面的熟练程度。
创造性过程，在这里点开始连成线，把创造力变成有形的创新
情绪调节，你感到充满活力和灵感，但并不会产生狂躁、混乱、固执这些情绪
学习能力，由注意力、记忆力和好奇心共同组成
激情和动力，令你能够坚持追求一个重要目标
消除恐惧的能力，平复战斗—逃跑—僵住反应的能力，以获得身处逆境时不动摇的无畏和自信
反应的灵活性，平复冲动，指示你在采取攻击或戒备行为前三思

续表

你的整个大脑
钩选你希望增强的品质
利他主义使你超越有限的私利，为更大的利益考虑和行动
和谐沟通的能力，让你达到人际共鸣
同理心，能让你站在别人的角度观察、感觉、理解事情
父母之爱，让你能够养育健康的孩童
浪漫之爱和激情，以维持亲密关系
洞察力，产生自身经历记忆，将过去与现在联系起来，使你能够指导自己的未来
直觉，解决智力无法解决的问题
整体主义，实现思想、信仰、意图和行动之间的一致性，以保持个人的完整性

本周的练习

- 更多地意识到本周你每天所做的事情和取得的成果。抽出时间标记这些时刻，体验它们所产生的快乐和满足感。
- 使用"优势发现"方法，提高对自身优势和才能的认识。每天都这样做，并在优势列表中添加没有列出的优点和品质。
- 增强每个从完整人格品质表中所钩选的品质。

继续练习

- 继续"平和地开始新的一天"。拿出时间休息,在绿色环境中散步。如果遇到无法解决的问题,不妨带着疑问入睡。醒来时,坐起来看看你是否得到了某种答案。每周一次,数一数值得感恩的事。
- 继续使用"思想觉察"方法。
- 每天练习"暂停三十秒找寻平和"。
- 继续每天使用一次"清理大脑"方法(最好两次)。
- 使用"清除按钮"方法清除引发压力的思维模式。
- 如果你对某种情况感到无能为力,请使用"三种理智的选择"方法;如果你身体上的紧张感增强,请使用"感受治疗"方法。

12

建立积极关系：
减少评判，学会原谅

在著作《蓝色地带》（*The Blue Zone*）中，丹·布特纳把我们带到了世界各地的一些长寿社区，那里的人们普遍生活得快乐、健康，压力也小得多。这其中的一个地区是希腊的伊卡里亚岛，布特纳和他的研究小组花了一年多时间研究该岛的百岁老人。在题为"希腊蓝色地带"的一章中，布特纳讲述了一位曾参与希腊战争的老兵的故事。这位老兵名叫斯塔马蒂斯，在二战后从伊卡里亚移民到了美国。他的一条手臂在战争中严重受伤，希望能在美国得到医疗救治。他定居长岛，娶了一位希腊裔美国妇女，生了孩子，最终实现了美国梦。

到了六十多岁，斯塔马蒂斯被诊断出患了肺癌，医生说他还有九个月的生命。斯塔马蒂斯没有接受针对癌症的积极治疗方式，而是决定回到伊卡里亚。他想死在自己的祖国，和祖先们一起葬在可以俯瞰爱琴海的公墓里。但是，斯塔马蒂斯刚一回到乡村生活的怀抱，一些令人惊奇的事（如果不能称为奇迹的话）就开始陆续发生。母亲和妻子的悉心照料令他的状况改善了很多，他感觉好多了。他开始敞开心扉，感到了几十年来从未有过的鼓舞。他逐渐恢复了体力，于是也有了精力与儿时的朋友重拾情谊，甚至几乎每天下午都和朋友出去。他们一起喝酒，分享自己的故事和笑话，玩棋盘游戏。慢慢地他觉得自己体力已经足够好，可以种个花园，甚至可以照料家里的葡萄园，尽管他没想到自己还能跟大家一起收获果实。九个月的时间就这样过去了，而他并没有像医生预测的那样死去。三十多年过去了，朋友和家人没有在斯塔马蒂斯的坟墓上放鲜花，而是在他百岁生日时向他敬酒。

是什么带来了这样的奇迹？人的寿命与跟他人的关系质量有着直接的关系。培养积极的人际关系，建立起一种联系感和归属感，组成我们的有机体才能够生长旺盛。它还能够帮助我们减轻压力，防止有毒的压力激素破坏我们的心血管系统和免疫系统及造成早衰。伊卡里亚的斯塔马蒂斯并不是个例。第一项揭示人际关系质量、健康和寿命之间生物学联系的研究是"罗斯托研究",它的成果被称为"罗斯托效应"。

四十多年前,在宾夕法尼亚州的罗斯托村,医学研究人员被一个令人困惑的统计数字难住了。数据表明,罗斯托人几乎对美国的头号杀手——心脏病免疫。心脏病死亡率随年龄增长而上升,但在罗斯托却并非如此。那里从55岁到64岁的男性当中,这个数字接近于零;而对于65岁以上的男性来说,当地的死亡率是全国平均水平的一半。这在医学上是讲不通的,因为研究中的这些男性抽烟、酗酒、吃高脂肪食物;他们很穷,在采石场干着又苦又累的工作。

俄克拉荷马大学的一组医学研究人员来到这个村庄,试图找出这背后的原因。他们查看了往年的死亡证明,给村民做了身体检查,并进行了大量的采访。在偶然发现两个社会因素之前,他们找不到生物、基因、环境或任何其他物理源来解释罗斯托效应对心脏病的抵抗力。首先,他们发现村里的犯罪率为零;其次,他们发现村里虽然穷,但没有一个人靠救济金过活。

研究人员进一步深入挖掘,发现罗斯托的家庭结构联系紧密。几乎所有的家庭都有三代人,长辈们受到高度尊重。

进餐时间不仅仅是吃饭,而是家人相处的时光。社区活动在罗斯托也很常见。天气暖和时,村民们晚上会出来散步,顺便互相拜访。德克萨斯大学的社会学家约翰·布鲁恩后来与人合著了一本关于这个村庄的书,他说:"罗斯托人在庆祝宗教和家庭节日时散发出一种欢乐的团队精神。他们的社会焦点是家庭……"

研究人员最后得出结论,这个村庄对心脏病及早逝的免疫力是人们具有强烈归属感的结果。但遗憾的是,这种影响并没有持续下去。罗斯托的孩子们为了追求美国梦上了大学,毕业后他们大多数搬到了大城市,因为那里有高薪的工作。结果,这个社区逐渐失去了凝聚力。1971年,该村首次记录到一名45岁以下的人因冠心病死亡。从那以后该地区的心脏病数据便一直呈上升趋势。令人们更长寿、更健康的传统社区理念受到侵蚀,这里的死亡率最终上升到了全国平均水平。

在接下来的四十年里,许多其他研究也证实了罗斯托效应。在最近对148个总计有308 849名参与者的各项研究回顾中,科学家发现与朋友、家人、邻居和同事建立稳固关系的人,其生存概率提高了50%。我已经说过好几次,压力就是恐惧。从生物学上讲,只有某种形式恐惧的出现才能激发压力反应。而爱能平息恐惧。它是一剂良药,能够帮助对抗我们体内的有毒激素。这也是伊卡里亚的斯塔马蒂斯直到百岁还在喝酒、玩多米诺骨牌的原因。相反,没有稳固社会关系的人,死亡风险就非常高。这样的压力相当于每天抽15支烟,相当于酗酒。与肥胖或不运动相比,它会造成更多的健康问题。

伊卡里亚的斯塔马蒂斯和罗斯托的人们快乐且超乎预期的寿命,引出了一个问题:如何与他人建立并保持联系?从根本上说,维护与他人之间的联系需要克服两大障碍,这两大障碍通常会无意中损害我们的联系意图。第一个障碍是我们评判他人的倾向。这其中大部分是由我们的羞耻感所驱使,正如在上一章中讲到的,这种羞耻感变得太痛苦,以至于我们的大脑无法承受。当这种情况发生时,羞耻感便常常以不友善的评判呈现出来,把自我谴责投射到其他人身上。这样做所付出的代价是分裂。联系的第二个障碍是,我们不愿去原谅。

评判的倾向

大多数人相信,我们的思想,即使是批判性的,只要它们留在我们头脑中的隐秘处,就不会伤害别人。我们认为别人感觉不到我们对他们的评判和谴责。仔细想一下，事实并不是这样。我们的面部表情、肢体语言、身体能量、情绪表现以及结巴、抽搐等表现都会在对方的大脑中出现，从而暴露出我们试图隐藏自己所做评判的意图。同样，当我们怀有温暖和尊重时，大脑产生的一系列暗示也会在对方的大脑中记录下来。这就如同我们能读懂对方的心思，实际上，我们的大脑的确也是在阅读彼此的思想。

记录和读取这些微妙线索的大脑系统称为镜像神经元系统。镜像神经元会追踪情绪、肢体语言、语调，甚至他人未说出的意图。当某个认识的人冲我们微笑或装笑时，它确实会在我们的大脑中发出回响。这些声音通过独特的声调令发出者想说的话生动地表达出来，我们的大脑立刻就能领会那其中的意思，即使它相当微妙。有时别人不必做任何解释，我们的大脑也能知道他们想表达的意思。

镜像神经元解释了人们之间会产生"一见如故"或"相互厌弃"的情况。它也是罗杰斯和哈默斯坦[1]在创造优美和

---

1. 理查德·罗杰斯和奥斯卡·哈默斯坦二世，音乐剧词曲创作老搭档，二人组合在全球音乐剧界有着无与伦比的影响。——译者注

声时能够相互取长补短的原因。从生物学上讲，这就是为什么友谊可以疗伤，敌意可能致病；敌对情绪会令血压升高，而善良仁慈又能令它降低。这也是为什么劳累的父亲迈着沉重的脚步回到家时，会令孩子也倍感压力。"我知道我妈妈什么时候心情不好。"一个孩子告诉专注于孩童压力的研究员，"放学后她来接我，脸上没有笑意的时候，她脸上有一种非常沮丧的表情。"

很多孩子都有同样的感受。美国心理学协会的一项调查发现，91%的孩子说，父母变得压力巨大才是他们最大的压力。他们的镜像神经元模仿了父母的压力，潜移默化地给孩子造成压力反应。看到某人受苦或痛苦时，镜像神经元实际上让我们也感受到他们的痛苦。这也解释了为什么疑病症患者和医学院的学生有时会出现他人的病症，即使他们并没患上这种疾病。

基本上，镜像神经元是模仿者。它们会模仿他人的姿态、表情和行为。当你的爱人对你微笑时，他或她大脑中燃烧的镜像神经元群也会点燃你的大脑。加州大学洛杉矶分校医学院的马可·亚科博尼写道："镜像神经元相对简单的生理特性使我们能够了解他人的心理状态，并将我们置于他人的头脑之中。"

亚科博尼破译了镜像神经元处理信息以产生共情理解的方式。他进行了一项实验，在实验中，他让受试者观看或模仿表达人类情感基本范围的面部图片，同时跟踪受试者的大脑活动。他发现共情作用是通过镜像神经元到脑岛，最后到情绪脑的直接神经通路产生的。镜像神经元系统向脑岛发出一个信号：脑岛是一个网络，在产生自我意识和人际关系体验，以及调解恐惧、惊讶、悲伤、愤怒、厌恶、幸福等感受方面发挥着重要作用。反过来，脑岛再把信号发送到情绪脑，在那里信号被转换成情绪，结果就是你感受到了对方的感受。爱人的微笑代表了欢乐，皱眉成了悲伤。

同理心

镜像神经元会产生同理心，这是评判和谴责的相反体验。共情与自尊显著相关，它是羞耻的反面。同理心也是决定我们寿命的社会智力基础。

卡尔·罗杰斯将同理心定义为愿意完全进入另一个人的私人世界，以至于你失去了评判他们的所有欲望。他说："我们都认为自己会倾听，但我们很少能真正站在他人的角度，真正理解地去倾听。然而，据我所知，倾听是改善一段关系最有力的途径之一。"

对他人怀有同理心意味着你暂时放下自己的观点和价值观，这样才能不持有任何偏见地进入他人的世界。同理心还要求对对方每时每刻经历的任何事情都保持敏感。它包括交流你在听的时候感觉到的东西，而不是强迫它，并且总是被你从对方那里得到的反应所引导。这也是一种"仿佛"的联系方式：仿佛是我受到了伤害，仿佛是我在害怕或高兴，就像面前这个人一样。但显然，你并不是对方，这种"仿佛"的品质使你能够进入他们的体验而又不会迷失其中。

同理心是尊重的一种形式，它使得家人、朋友甚至工作上的人际关系能够正常运作。摩托罗拉前首席执行官鲍勃·加尔文在谈到父亲保罗——摩托罗拉的创立者时说："我父亲曾经参观过一条由女性负责的流水线，然后他想'这些女性就像我自己的母亲——她们有孩子，有家要照顾，有需要她们的人。'这促使我的父亲努力工作，让这些妇女过上更好的生活，因为她们让他想起了自己的母亲……一切都是从那里开始的——基本的尊重和同情。"

即使我们总倾向于破坏它，但通往积极关系的道路其实是非常简单的。它可以归纳为四条规则，其中的前三条我们已经讲过了，它们就是：

用同理心去倾听；

少做评判；

无条件地去爱。

这三条让你更加有爱，不为别的，只因为爱让我们的身体能够最佳运作的事实。这里还有另一个事实：我们在爱方面的失败比我们愿意承认的要多。我们会在共情力和接受力上失败，特别是感到压力和恐惧的时候。那时我们的大脑状态可能使我们犯下严重的错误，做出可能令我们后悔的反应，这些反应可能带有伤害甚至是毁灭性。

这就是第四条规则发挥其作用的地方，那就是更多地宽恕。如果说健康和长寿取决于我们去爱的能力，那么宽恕就是一种生理上的必要。所以，让我们来谈谈维系关系的第二个障碍，那就是不愿原谅。

不愿原谅

维持有意义关系的第二个障碍，是我们不愿原谅别人给我们带来的痛苦。通常，我们的不情愿源于保护自己不受进一步伤害的需要，或是因为他人所造成的痛苦而惩罚他们（或两者兼而有之）。尽管这些感受可能是合理的，但它们延续了恐惧和敌意的状态，而这种状态会放大压力基因，激活大脑的恐惧中心，使我们充满恐惧痛苦的情感记忆。它会影响我们与人相处的方式，使我们有所保留，无法以信任并敞开心扉的方式加深一段关系。

没有宽恕，就没有解脱或和解。不原谅错误，就会使罪恶感和羞耻感永久化，我们会被囚禁在冲突、压力和分离状态之中。我们都希望培养一种幸福、健康、长寿、轻松的生活关系，而这却使我们走到了相反的方向。由于宽恕是一种生理上的必要，所以我们必须想想我们不肯原谅的原因，这样我们才能克服它。

我们为什么不愿原谅

排在首位的原因是一种信念，那就是不原谅可以保护我们。但这是一种错觉。不愿原谅等同于是自己服毒，却期待对方会死。从生物学上讲，宽恕才是解药。

另一个我们不肯原谅的原因，是我们害怕原谅会打开再次受伤的大门。宽恕并不等于要求我们与一个不负责任或吝啬的人重新建立联系。我们拒绝宽恕，也因为我们认为宽恕是纵容这些行为，但宽恕从来不是指宽恕坏或破坏性的行为。

通常，我们拒绝原谅，因为我们相信对于造成伤害的人应该感到愤怒，应该让他们受到谴责和惩罚。我们甚至会把原谅看作是给冒犯者的一张免费通行证，让他们可以再次伤害我们。但也许，我们无法原谅的那个人已经做出了改变。他们可能从错误中吸取了教训，甚至可能会感到抱歉。我们不愿去原谅，这会让我们仍用过去的眼光看待他们，而不是认识他们现在的样子。

我们甚至可能自欺欺人地认为，不原谅就能维持我们对施害方的控制。事实上，拒绝原谅是一种痛苦的心理状态，它控制着我们，压迫着我们，把我们困在过去。

▶ 摆脱焦虑方法 14

学会宽恕

宽恕不一定是一劳永逸的事情。通常，这是个一天一次的过程，在这个过程中，你会逐渐放下伤痛，通过认识到平静比委屈更重要，来恢复你内心的平静。有一个方法可以帮助你完成这个过程。首先，想出一个你很难原谅的人，感受这个人给你带来的痛苦，并想想这人的所作所为让你原谅他/她有多难。

下一步，努力去感知这个人身上的人性：从他们身上散发出一点点你可能还看不到的光芒。一开始这可能很难,但如果只是在练习期间这样想,克服阻力是值得的。努力地去寻找,直到你看到有光亮的痕迹从你脑海里痛苦的画面中闪现出来,那些光亮令画面柔和起来,这个人似乎也显得明亮了些,比起伤痛令你看到的,也许这个人要善良一点。

然后默念下面的这段话,将它们引向这个人。

我原谅你。我把你释放到你的至善中去,把自己从这痛苦中解脱出来。我走出过去,释放现在,放飞未来。

再重复一遍这些话,当你说完时,让这个人从脑海中消失。当这个人逐渐消失在背景中时,想象一下自己已经清晰地看到了画面的全貌。把自己看成是光明而充满活力的,从过去的痛苦中解放出来。

接下来,用同样的方法来原谅自己犯下的错误或做过的错事,只要让自己成为需要原谅的人。

我们都应该记住,评判他人和拒绝原谅是糟糕的策略。科学证据让选择变得非常明确——是选择与人相处时不评判、无条件地接受对方,还是接受断绝关系必然会导致的所有情绪和健康问题。这是绕不开的:当批判和谴责的时候,压力便开始滋生,大脑进而让你的身体中充满压力激素。只要有正常思维的人,谁会想要这样呢?

建立积极关系并不像我们认为的那样复杂。当发现自己和所爱的人意见不合时,只需问自己一个基本的问题:

我是想要观点正确,还是想和他/她在一起?

当你放弃了对正确的需要,愿意看到别人的观点、印证别人的经验时,看看原有的压力和矛盾会发生什么变化。

本周的练习

- 打电话给你一直想联系却没联系的家人或朋友,约时间一起聚聚。
- 做宽恕练习,以消除你对他人的不满。然后将同样的过程应用到你自己身上,让自己成为需要宽恕的人,原谅自己犯下的错误。

方法14 操作步骤

"积极关系"方法
- 用同理心去倾听。
- 少评判。

- 无条件地去爱。
- 更多地去原谅。
- 想出一个你很难原谅的人。
- 感受这个人给你或其他人所带来的痛苦,进一步感受原谅他们所作所为的困难程度。
- 我希望你能够做一件可能很难的事,但只需持续一段很短的时间。把这个练习当作一个实验,不妨看看会发生什么。
- 请试着从这个人身上感受人性的闪光点:他们的身上还是会散发出一点微光,也许你还没有看到。
- 努力地去寻找,直到你看到有光亮的痕迹从你脑海里痛苦的画面中闪现出来,那些光亮令画面柔和起来,这个人似乎也显得明亮了些,比起伤痛令你看到的,也许这个人要善良一点。
- 默念下面的话,并将它们引向这个人。

  我原谅你。

  我把你释放到你的至善中去。

  把自己从这痛苦中解脱出来。

  我走出过去,释放现在,放飞未来。

- 再念一遍。
- 念完后,让这个人从视野中消失。
- 当这个人逐渐消失在背景中时,想象一下自己已经清晰地看到了画面的全貌。把自己看成是光明而充满活力的,从过去的痛苦中解放出来。

宽恕自己方法
- 回忆你自己犯的一个难以原谅的错误。
- 感受后悔的痛苦。
- 感受自己身上的人性:可能这个错误蒙蔽了你的双眼,使你看不到那些闪光点。
- 看到一些光亮的痕迹从你痛苦的画面中闪现出来,让画面变得柔和起来,你也变得明亮起来。
- 默念下面的话:
  我原谅自己。
  我把自己释放到自己的至善中去。
  我把自己从这痛苦中解脱出来。
  我走出过去,释放现在,放飞未来。

继续练习

- 继续"平和地开始新的一天"。拿出时间休息，在绿色环境中散步。如果遇到无法解决的问题，不妨带着疑问入睡。醒来时，坐起来看看你是否得到了某种答案。每周一次，数一数值得感恩的事。
- 继续使用"思想觉察"方法。
- 每天练习"暂停三十秒找寻平和"。
- 继续每天使用一次"清理大脑"方法（最好两次）。
- 使用"清除按钮"方法清除引发压力的思维模式。
- 如果你对某种情况感到无能为力，请使用"三种理智的选择"方法；如果你身体上的紧张感增强，请使用"感受治疗"方法。
- 增强你从"完整人格品质表"中钩选的每一个品质。
- 通过意识到自己对他人产生的积极影响，以及本周每天都以或大或小的方式产生的积极影响，练习认可自己所带来的不同。

13

暗示的力量：心想则事成

摸兔子脚，交叉手指，敲木头[1]或对流星许愿，这些做法都有个共同点，那就是拥有暗示的力量。兔子的脚骨和皮毛让你产生一种魔力感，使你感到幸运和希望，这样的念头会将某种预期植入你脑海，而你希望的结果可能真的就会发生。

听起来很傻吗？可能吧。但科学证据表明，你的期待会调动大量的内在资源，并将这些资源整合集中来实现你的愿望。哈佛医学院的欧文·基尔希和惠灵顿维多利亚大学的玛丽安·加里合作研究了暗示的力量对认知和行为最新及

---

1. 都有远离厄运，获得幸运之意。——译者注

最有趣的影响。证据表明,一旦预料到期望的结果可能会发生,你就会启动一系列的想法和行动,共同努力使它实现。"暗示的影响,比许多人想象的更广泛,也更令人惊讶。"加里总结道,"如果我们能驾驭暗示的力量,就能改善人们的生活。"

暗示的力量似乎是有些人在学业、工作或体育运动上取得成功,而有些人却失败的核心;也是有些人的疾病或疼痛会消失,而有些人的病情会恶化的原因。暗示可以帮你在充满挑战的情况下提高表现,比如演讲或考试。它能使安慰剂缓解疼痛或减轻症状。它甚至可以改善视力,减轻肥胖,逆转衰老,改善致命疾病。

除了在好莱坞,没有人会暗示你可以成为超人或神奇女侠。人的认知能力和身体能力都是有限的。但这些发现说明,人们对这些限制的普遍看法需要进行重大修改。很多研究表明,认为自己在某种程度上受到限制或阻碍恰恰会导致这种限制产生。伟大的武术家李小龙说:"没有极限,只有停滞不前。你不能停在那里,而必须超越它们。"

越来越多的证据表明,我们的思想能够超越任何科学预测的认知和生理极限。看来,我们所感知到的极限不一定是由本性所决定的,而是由我们自己的心理态度所决定的。

安慰剂效应

安慰剂效应指的是，大脑会被欺骗，以为某种药物（如药片或针剂）会奏效，而实际上这种物质并没有任何特殊作用，这时候大脑却仍会引发真实的心理和生理变化。安慰剂本身没有任何作用；是心理产生了有益的效果。安慰剂效应的经典案例是生理盐水注射，它显著减轻了重伤士兵的疼痛，只因为伤者被告知注射剂中含有强效鸦片。这项研究首次明确表明，疼痛更多地与精神有关，而非身体损伤的严重程度。虽然大多数关于安慰剂效应的研究都集中在医学问题上，但越来越多的证据表明安慰剂效应也存在于其他领域。

其中一项研究与前瞻记忆有关。前瞻记忆是指大脑如何记住细节或未来将要发生的事件。它能让我们按时赴约，令我们按时支付账单，让我们能够按照食谱准备饭菜，可以预测战略计划的下一步，并提醒我们按要求地间隔服药。没有前瞻记忆，我们将失去生活的能力。

慢性压力会削弱前瞻记忆。维多利亚大学的研究人员想看看是否可以用安慰剂来增强前瞻记忆。他们进行了一项研究，在这项研究中，研究人员一直致力于让受试者相信，他们服用的安慰剂是一种强大的"灵物",可以改善认知功能和记忆力。事实上,这种所谓的"灵药"只不过是维生素C粉末和水的混合物,受试者一组服用,另一组不服用。然后,研究人员让两组人都进行一项高强度的前瞻性记忆测试。服用维生素C安慰剂组的前瞻性记忆有所改善,而未服用安慰剂组的前瞻性记忆没有改善。那组大脑被欺骗,期待认知能力得到改善的受试者实际上也真的做到了这一点。

在另一项关于安慰剂和记忆的研究中,受试者被告知某种气味可以改善内隐记忆。内隐记忆是无意识的,它代表你以轻松、自动的方式所检索的信息。例如你的手指会在不加思索的情况下找到键盘上的字母,以及你永远不会忘记如何骑自行车。当实验对象接触到气味时,内隐记忆实际上反应更快,并表现出更强的暗示性。

预期的力量也有助于提高运动成绩。近年来,有部分运动员们使用兴奋剂来提高运动表现。然而,研究表明,从这些药物中获得的益处可能不是来自药物本身,而是来自运动员的期望——他们相信药物会提高成绩。在苏格兰体育学院进行的一项研究中,16名参加1000米计时赛的运动员被要求服用添加了所谓"兴奋剂"的苏打水,并被告知这种混合饮料能明显提高成绩。仅仅相信服用了类固醇就提高了他们的运动表现。相比之下，那些在不知情的情况下服用了真正兴奋剂的运动员却并没有明显的成绩改善。

艾伦·兰格的研究

哈佛大学的艾伦·兰格所做的研究或许最能颠覆我们对人类潜能的有限认识。回想一下你开始读本书时做的第一个练习。那是个引导性的过程，其基础是美国心理学之父威廉·詹姆斯的一句名言："改变想法，就能改变生活。"他说："信念创造了现实。"强化信念的一种方法是想象信念成真。所以在这个指导过程中，你唤起了这样一种信念：你可以在对抗压力和焦虑方面取得真正的突破。

艾伦·兰格的研究证明了威廉·詹姆斯一百多年前的断言是正确的，她证明了精神高于物质是真实的。在这本书中，你了解到积极的心态会改变大脑，不仅能消除压力，还能扩展大脑的功能。兰格发现，我们甚至可以用思想来欺骗身体，让时间倒流。当你读到以下关于人们如何扩展能力的叙述时，回想一下威廉·詹姆斯的话，重申你的信念：你可以获得并维持一种没有压力的生活。

1979 年，兰格进行了或许是她最著名的一次实验，实验对象是在养老院备受煎熬的七八十岁男性老者。她带着这些老人进行了一周的特殊疗养,其间要求大家假装他们是在1959年,就好像在演戏一样。他们穿上1959年流行的衣服,吃着当时食物,带着当年的证件照,并被鼓励表现出20年前的样子。他们甚至还拿到了1959的报纸和杂志,看上了1959年的电影和电视节目。

结果非常令人吃惊。与接受常规疗养的老人组相比,这些"时间旅行者"在关节灵活性和动手能力方面表现出更大的改善。他们的关节炎开始好转,智商也有所提高。

这项研究跟我的朋友凯所遇到的情况类似。凯91岁的母亲和她住在一起。一天晚上,凯给她妈妈一块黑巧克力。她妈妈问她花了多少钱。"只有两美元。"凯说。她母亲对此感到震惊。"两美元!"她说,"我真不敢相信一块巧克力要那么贵。"

"实际上真不算贵,"凯说,"两块钱你几乎买不到任何东西。"

"当然可以。"她母亲想了想后说道,"大概我的思想还停留在20世纪50年代吧。"凯说通常情况下她会嘲笑她妈妈一翻,但在知道了艾伦·兰格的研究之后,她没有这样做。这一次,她没有对母亲不屑,也没有因为母亲对物品价格的错误理解而心烦。凯利用这个机会让母亲打开话匣子，讲述过去那个物美价廉的美好时代。她问妈妈那个年代的生活是什么样的，那天晚上她妈妈跟她分享了那时的一切。给她腾出回忆的空间有明显的积极作用。等她们聊完时，凯说她妈妈看上去似乎年轻了许多，那一晚的睡眠也格外好。她回到了过去，不知何故她的生理状态也似乎跟随到了过去，就像兰格研究里的老人们一样。

最近，我一位八十岁的朋友告诉她的医生，她很难想起合适的单词。这导致她有时在和别人交谈时，无法完整地表达自己的想法。医生告诉她，对她这个年纪的人来说这是正常的。但她并不满足于这个说法，她坚持要转诊，随后去找了一位神经心理学家。这位神经心理学家让她参加了一个积极治疗项目，以加强她的记忆力。目前她正逐渐取得一些显著的进步，这对她自信和自尊的恢复非常有帮助。很多时候，老年人都被认为是"退化的老古董"，却不知证实这样的观念才愈加导致了他们健康状况的恶化。

兰格还针对酒店的清洁人员进行了一项研究。这些工人通常每天被分配打扫15个房间，每个房间打扫半个小时，这个劳动量超过了外科医生规定的每日锻炼水平。但是工人们认为工作并不算锻炼，而且由于轮班结束时太累去不了健身房，因此他们认为自己并没有得到任何的身体锻炼。

于是,兰格博士把酒店的清洁人员分成两组。在一个小组中,她强调了这样一种心态,即他们在工作中的体力消耗达到了医生建议的体能锻炼水平;第二组则没有得到这样的暗示。四周后,在饮食和活动没有任何改变的情况下,第一组人员的体重减轻了。他们的身体脂肪减少,甚至血压也得到了改善。在这个过程中,唯一改变的只是小组人员的心态,在第二组人员中则没有观测到这样的改善。

改变心态甚至可以改善视力,也许难以置信,但事实上这真的发生了。这让人怀疑我们是否都蒙着一层精神眼罩。证据表明我们的确如此!一切都可以改变,单看你尊不尊重思想的潜在力量。托马斯·默顿[1]在他的回忆录中所写的一段话,我认为抓住了问题的核心。他写道:"也许我比自己想象的要强大。也许我甚至害怕自己的力量,拿它们来压制自己,使自己变得软弱。"

默顿所指的力量便是人的态度和想法。几年前,我认识的一位年轻人误解了自己的癌症病情。他在 25 岁左右被诊断出患有二期成人霍奇金淋巴瘤。虽然病情发现得早,

---

1. 知名美国作家。

但他的预后仍然非常不利。然而,当肿瘤医生告诉他这个坏消息时,年轻人却不知何故听成了相反的消息,离开诊所时,他还认为医生的意思是他的治愈机会很大。在治疗过程中,他的想法锁定在这样的预期之上:他医疗护理的每一步都是为了使病情尽可能达到完全缓解。而事实也确实如此。直到一次医院大查房,他的病例被肿瘤医生特别提起,他才意识到自己之前的误解。他说如果之前知道了医学预测的那个结果,他很可能已经死了。他坚信正是这次误解才救了他的命。

催眠是最古老的暗示方式之一,但在过去的三十年中,医学界对催眠还普遍持有反对态度。现在的情况已经发生了改变。"有研究表明,催眠作用强于安慰剂效应。"斯坦福大学医学院的大卫·斯皮格尔说,"这并不是说精神控制了物体,而是说精神真的很重要。"斯皮格尔博士还补充说,有四分之三的成年人可以被催眠。

催眠在帮助人们戒烟、减肥、控制恐惧和疼痛方面是有效的。越来越多的外科病人选择用催眠代替麻醉。它被证明可以减轻分娩时的痛苦。如果一名孕妇连续三个月每晚进行自我催眠,临产时便能够从精神上阻断疼痛。

在催眠状态下,病人也可以通过想象某个安全的地方,比如海滩，从对某种事物的恐惧转变到想象环境中的平静状态。例如，一个害怕坐飞机的人可以被催眠，对飞机旅行的方方面面都不敏感。他们的心态发生了变化，从害怕、无法控制紧张的想法到感觉放松、更有控制力。暗示的力量已经有太多具有说服力的证据，美国国立卫生研究院正在研究如何将之应用于疼痛管理。西雅图华盛顿大学的研究人员正在研究虚拟现实辅助催眠是否可以减少烧伤患者的焦虑和疼痛。

▶ 摆脱焦虑方法 15

塑造现实

证据就在那里。你心灵的力量可以塑造你所知道的现实。掌握这股力量，你就会成为命运的主人。这里我要介绍的一个简单方法，叫作"塑造现实"。它可以产生预期，驱动暗示的力量，以解脱压力，让你收获期望中的健康、财富和爱。请每天使用这个方法，来扩大你对成功的期望。

你要做的是：选择一个舒适的姿势，闭上眼睛。想一个近期你希望实现的目标，尽可能清楚地想象出你想要的结果。然后想象这个目标已经实现，看到自己的生活在那时的样子。放开对思维的所有限制，让大脑的感觉参与进来。当期望的结果实现时，听听那时的声音，闻闻那时的空气，感受一下环境的温度。想象一下你会看到什么，用颜色、人或任何对你有意义的东西来让这个画面更加生动。当这个结果实现时，感受自己被那种想象中的感觉所征服。让这些渴望的感觉尽可能强烈。如果你感到快乐，那么请让脸上挂满微笑，或者干脆放声大笑。如果你感受到轻松，那么就让这种轻松感振奋你的精神。让这些情感尽可能变得真实，尽可能深刻地保持这种期望的情绪，但不要超过一分钟。当结束练习时，放下所有这一切，相信自己已经把内部指导系统锁定在了你想要的结果上。

本周的练习

运用暗示的力量，通过塑造现实方法，想象一个成功的结果，实现一个重要的个人目标。

方法15 操作步骤

- 找一个舒适的姿势,闭上眼睛。
- 选择当前想要实现的一个目标,并告诉自己希望得到的结果。
- 想象一下你想要的这个结果。假装它已经实现,看到自己的生活在那时的样子。放开思想上的束缚,告诉自己,你可以想象任何事,不管你认为它实现的概率有多大。
- 让大脑的感觉参与进来。当期望的结果实现时,听听那时的声音,闻闻那里的空气,感受周围环境的温度,想象一下会看到什么。
- 现在再看看画面的周围。那里有什么生活元素?谁和你在一起?使你想象的画面尽量生动。如果有其他人在场,他们会跟你说什么?你又跟他们说什么?
- 继续体验你所创造的生动画面,让自己沉浸到实现这个结果的感受中去。你感到快乐吗?满足吗?感到疼痛或恐惧减轻了吗?当你想象你将拥有的感觉时,把它们带近,感觉它们就像是你此时此刻的经历。

- 尽可能让这些渴望的感觉变得强烈。如果你认为那时自己会很快乐，那么请让这感觉给你脸上挂上微笑，或者大声笑出来。如果你感受到轻松，那么就让这种轻松感振奋你的精神，让情感变得真实。
- 尽可能深刻地保持这种期望的情绪，但不要超过一分钟。
- 放下所有这一切，放下所有感受，从想象的画面中走出来。
- 现在，你已经启动了自己的思想和情感中心，把内部指导系统锁定在了你想要的结果上。

继续练习

- 继续"平和地开始新的一天"。拿出时间休息。在绿色环境中散步。如果遇到无法解决的问题，不妨带着疑问入睡。醒来时，坐起来看看你是否得到了某种答案。每周一次，数一数值得感恩的事。
- 继续使用"思想觉察"方法。
- 每天练习"暂停三十秒找寻平和"。
- 继续每天使用一次"清理大脑"方法（最好两次）。

- 使用"清除按钮"方法清除引发压力的思维模式。
- 如果你对某种情况感到无能为力,请使用"三种理智的选择"方法;如果你身体上的紧张感增强,请使用"感受以治疗"方法。
- 增强你从"完整人格品质表"中钩选的每一个品质。
- 通过意识到自己对他人产生的积极影响,以及本周每天都以或大或小的方式产生的积极影响,练习认可自己所带来的不同。

第四步

坚持不懈
——持之以恒

14
整合汇总

到目前为止,你已经看了很多,学会了很多概念和方法,理解了很多关于压力、平和及大脑的相关研究。这本书的目的是帮助你消除压力。只有摆脱压力,才能生出平和、快乐和满足。为了达到这个目的,这本书试图帮助你建立起一个积极平和的态度,并教你无论每天面对什么情况,都能够运用这种态度。在这一章中,我们将把之前的所有方法和过程都整合成实用简化的格式,你可以用它来让你的生活继续朝着崭新、没有压力的方向发展。

在其中的一章里,你曾列出一个与外部目标相结合的品质愿望清单。我们的目标是赋予你一种更清晰的内在目标感,它会渗透到你想要达到的任何目标中去,从而减轻压力,增强平和的力量。下面是一个汇总列表,它直接关系到促进积极的神经可塑性、缓解压力反应和增强大脑的高级功能。请钩选任何你想要更加坚持强化的方式。

品质愿望清单
做到平和
抓住当下
更好地倾听
更少的评判
更多的宽恕
具有同理心
懂得感恩
能够停下来,保持平静
培养创造力
不再害怕
在逆境中保有信心
相信过程的重要性
专注于取得生命的完整而非缺失
安然接纳自己
开心

回顾你钩选的内容,想想这些品质的实现会如何改变你的一天,甚至你的生活。想想你可以运用每种品质的具体情况,想象自己正在这样做。然后,想象实现这种变化

必将产生的积极结果,并想象这种结果已经在发生。把你的待办事项单放在常能看到的地方,提醒自己想成为什么样的人。如果需要,你还可以随时列一个新单子。

这些简单的方法几乎没有给你添加任何的负担,但却能给你的生活带来力量和创造性扩展。你不必使用所有的方法;只需选择对你有用的加以练习运用——但必须要用。我希望你能够下载这个方法,并抄写下你在书中标记过的内容。然后把它贴在你经常能看到的地方,并提醒自己勤加练习。如果需要,你也可以随时列一个新单子。

下面是我在这本书中所介绍的方法列表。它可以作为你每日的提醒,提醒你要时时练习从生存(surviving)模式转换到成长以成功(thriving)模式。

终结压力
钩选出你想要练习的方法
使用积极平和态度品质列表,增强自己希望具有的品质
使用"思想觉察"方法,监测自己焦虑、压力的想法和感受
使用"我害怕什么?"方法来消除恐惧
安静地开始每一天
每天冥想至少五分钟
记录下积极成果的时刻

续表

终结压力
钩选出你想要练习的方法
使用"清除按钮"方法应对迅速滋长的压力反应
把自己的心愿单与待办事项清单相结合,让平和成为你的首要目标
每周都数一下值得自己感恩的事
每天至少两次,从纷扰的世界和问题中抽身,出去散个步,有条件的话最好去到绿色环境中
使用"三个明智选择"方法,对自己能控制和不能控制的事物达到清醒的认识
使用"感受治疗"方法,缓解身体的紧张和压力
使用"优势发现"方法不断识别并认可自己的才能和优点
练习增强完整人格列表中所钩选出的品质
更好地倾听,少评判,多原谅;无条件地去爱

再做一次压力评估

整合的最后一步是重新进行压力评估。请你这样做的目的,是要看看自从第一次在第二章做过评估后,你的压力体验是否有变化。钩选任何接近你最近压力体验的描述;钩选任何符合你最近生活状态的描述。确保你的答案能够反映自己最近一周或一个月的最新状态,慢慢来。

接下来,回顾一下你读到第二章时所做的评估。比较这两次评估并留意那些发生变化的地方。如果你练习使用过书中的方法和流程,那么你在第一次评估中钩选的许多描述,在这次评估中可能就没有再钩选了。拿一只荧光笔,标记出在第一次评估中选中而当前评估中没选的内容,因为它们已经不再是问题。这表明你在解决与压力有关的问题上取得了进展,而没有什么比取得进展更令人鼓舞、更有动力了。定期进行压力评估是一种有效的方法,它可以监督你的表现,激励你更努力地实现内心的平静。你可以随时下载这个方法进行压力评估。

压力评估表	
我从以前喜欢的活动中得到的乐趣越来越少	大部分时间我都感到很累,有时甚至是精疲力竭
我做决定时犹豫不决	我很难入睡,因为无法让自己平静下来;或者我总是睡太多,不愿起床
我的记忆力和注意力不如以前	我对自己处理个人问题的能力信心不足
简单的事情都让我觉得有负担或感到很难完成	有时我感到崩溃,觉得自己不能控制好生活中那些重要的事情

压力评估表	
我脾气变得不好,我更加不耐烦、紧张,更容易沮丧或生气	我经常忘记一些小事,例如把钥匙放哪儿了
我感受到很多不安的情绪,如恐惧、偏执、沮丧、担心,或更多更久地感到悲观	对于控制不了的事情我时常忧心
我更多地批评自己的另一半,总是抓住我们关系中的缺陷不放;我跟伴侣更经常地争吵,并把问题归咎于对方	有时,我的激动或沮丧会达到砸桌子、扔东西、大叫或以类似方式表现出来的程度
我变得不太爱跟人打交道了。我发现自己希望别人包括家人和朋友,不要再打扰我	我的性趣减弱
为了应对自己的情绪状态,我吃得更多;或者有时又没有胃口	我生病的次数比预想中要多,不是感冒就是发烧。我担心或已经存在严重的健康隐患
为了缓解压力,我吸烟、喝酒或其他类似的不良习惯越来越多	我有紧张性头痛;有肠胃问题;背部、颈部或下巴肌肉紧张;或以上所有

结　语

最后，我想鼓励你继续去追求美好的生活，一种平静幸福的生活，没有压力和恐惧，充满了通过追求卓越而获得的成功和喜悦。你所追求的平和、欢乐和成功就像你自己的思想一样。神经可塑性的公式是：改变你的思想，改变你的大脑，进而改变你的生活。如果你不放弃，成功便是必然的。最终，如果你坚持练习的话，非凡而长久的结果将会到来……

这里我还想讲述一个生活的事实。每当有人问我是否有压力时，我都会想起这个事实。有时，人们会认为，因为我写了这本书，我便彻底摆脱掉了生活中的压力。事实上，摆脱压力的过程是无时无刻不在发生的，它并非一劳永逸的事情。我们要么选择在压力源行将抬头的那一刻平静下来，摆脱压力，要么将会看到压力像雪球般越滚越大。通常情况下，当压力源转变成情绪风暴时，平和便是一种拨乱反正。我们纠正得越快，感觉就越好些。

就在今天,我正忙着整理房子。整理的过程非常累人,这让我感到紧张和焦躁。我先是想修理一个坏掉的电器,因为其中一个螺丝拧不开,让我烦躁的很,就像是"戏法之神"把它拧紧了,而我却一直想要松开它。接下来,我不得不把碗碟从洗碗机里都拿出来,这让我更加心烦。打扫房间各处时,我感觉工作似乎比平时多了十倍。因为没有人帮我,我感觉受到了伤害,这使我的心情变得更糟。然后,幸运的是,我意识到自己陷入了一连串自怨自艾的不快之中。感谢思想意识方法,它及时地拯救了我。我暂时停下了手中的家务,努力让自己不去相信由坏心情所产生的任何想法。我成功地停下了所有的思考,给了大脑一个安静下来的机会。我有意识地选择了实事求是地活在当下,并努力做到与必须做的事情和谐共处。我想起了D.H.劳伦斯[1]的诗《我们是传播者》:

当我们活着的时候,我们是生命的传播者。

当我们无法传播生命时,生命就无法在我们身上流动。

……

你给予,便也会受到它的馈赠,

---

1. 英国著名作家。

这仍是生活的真相。

......

在没有生命的地方也点燃生命的质量吧,

即使那只是一块洗过的手帕上那一抹白色。

当我背诵这些句子时,我的态度改变了。就在那时,挡住太阳的云朵散开了,房间里充满了阳光。一瞬间一切都变得美好起来。我感到生机勃勃,就好像此刻的天空一样明亮。我环顾四周,看看还剩下什么家务,然后立刻着手去干。接下来我干活就好比舞蹈般流畅。把玩房前最后一片树叶时,一只飞鸟吸引了我的目光,它落在了街对面的日本枫树上。

那时正值秋天,枫叶都变成了猩红色。一些树叶落下来,给人行道铺上了一层天鹅绒般的红色毯子。我朝街上看了看,发现梧桐树现在已经光秃秃的了。它们的树枝是暗灰色的,尽管秋光令一些枝干呈现出银光闪闪的样子。从我站的地方看,小路伸展到远处与大道会和,路对面是长满绿色高草的一片田野。一只猎鹰盘旋在头顶的半空中,搜寻着田里的猎物。所有这些都映衬在一片淡蓝色的秋季天空里。一时间,我感到完全平静,与世界融为了一体。

当转身回到屋里时,我想,如果我没有改变自己的态度,也许就永远不会经历那和谐的一幕。

我想我们都明白,平和是我们每天努力追求的内在目标。当失去它时,我们应调整自己以重新获得它。现在你已经知道如何为生活赋予平和的力量,对你进步的考验并不是涅槃,而是反映在每天的现实生活中,看看它是否变得更好、更和谐、更快乐、更平和而有爱。如果你的态度每天都以这种方式推动你前进,那么你就会迈向正确的方向。

压力即是恐惧。没有压力是我们可以练习掌握的一种状态,可以帮我们从一开始就消除心理恐惧。没有恐惧就没有压力。如果你继续练习有意识地感受到压力反应,当它们将抬头时,用方法或过程进行干预,你的大脑就将继续加强和扩展神经网络和通路,使美好生活成为可能。如同这本书在一开始就承诺的那样,你将会获得健康、财富和爱的入场券,一切尽在掌握之中。这也是我对你真诚的祝愿。

随着这本书的旅程接近尾声,我希望你拥有平和所赐予的一切优雅、尊严和富足。这本书并非要教你成为完人,而是敦促你在生活中不断进步。如果压力把你拉进它的风暴,不要气馁;不管你犯了什么错,周围发生了什么事,永远不要放弃自己,永远不要放弃平和。

在你的内心和生活中为达到平和而努力。暂时没能做到时，请记住伟大的东方哲人孔子的话："我们最大的荣光不在于从不失败，而在于每次跌倒后都能重新站起来。"

有什么比能够超越压力和恐惧更能证明一个人的力量呢？这是一条伟大的道路，所以请肯定自己愿为生活的改变而做出的努力。

每当你担心自己可能退步，或者进步得不够快、不够好的时候，把你的注意力转移到当前的时刻，以此来修正自己的思想状态。立足于当下，放下那些贬损的想法，敞开你的心灵，让自己在此时此刻感到快乐和平和。还记得我之前引用过托马斯·默顿所说的话吗？他说："所有的问题都得到解决，一切都变得清晰，只因为真正重要的事情已清楚明确。"

平和和幸福才是最重要的，两者都在当下的宁静中得以实现。如果恐惧告诉你，生活中有比平和更重要的事情，例如金钱和成功，请记住这本书里教你的东西：正是平和的态度才能恢复和扩展你的高级大脑功能，使你在生活的每一个层面上都获得成功。

事实上，成功是内心的平和；成功亦是放下恐惧。这句话便能概括整本书。所以，请记住保持平和。

致　谢

首先我要感谢我的爱人，露易丝·富兰克林。她一直激励我完成这个写作项目，并鼓励我一旦开始就坚持下去。写这本书的过程中，我得到了工作伙伴同时也是好友卡琳·阿丽莎的大力支持。卡琳帮助我构思主题、集思广益、编辑内容、验证事实。没有露易丝和卡琳，我无法想象自己能够完成这本书。

我要感谢超越文字出版社的编辑萨拉·海尔曼、爱玛丽莎·斯帕罗、埃米莉·韩以及执行编辑林赛·布朗对这本书的大力支持。他们对书的原稿做了很好的修改，对此我非常感激。

我一如既往地感谢我的孩子们：大卫、布伦特、山姆和霍兰；感谢我的姐妹安妮和苏西，还有我的弟弟保罗，感谢他们支持我。

我要感谢（排序不分先后）邦尼·迈耶、拉里和乔伊斯·斯图普斯基、里克·布兰登、谢丽尔·杰弗里恩、安德鲁·布莱克、玛丽亚·德莱昂、杰瑞·贾姆波尔斯基、黛安·西林乔内、吉米·皮特、迈克·约翰逊、罗杰·爱泼斯坦、理查德·科恩、迪克·巴克斯顿、伦·布鲁托科、里纳尔多·布鲁托科、佩内洛普·莫尔、马修·米切尔、格雷格·舍伍德、帕特里克·格雷森、大卫·戈维、尼尔·安德森、乔纳森·科尔顿、马克·威尔迪、凯伦·斯托斯汀、苏珊娜·鲍德温、戴尔·比隆、洛林·斯派特、瓦莱丽·亨德森、芭芭拉·迪尔、德鲁·格伯、米歇尔·坦南特,以及所有多年来促成我写出这本书的人。

最后,我要感谢超越文字出版公司的前总裁兼总编辑辛西娅·布莱克。不幸的是,这本书被超越文字出版社购入时,辛西娅却去世了。她去世的消息令我感到万分震惊和悲伤。辛西娅负责出版了我的第一本书《神秘之酷》,让我觉得自己受到了她那群杰出作家的热烈欢迎。我喜欢和辛西娅一起工作。她是有关身体、心灵和精神书籍的先驱,她的逝去令我们所有人都黯然伤怀。

附　录

治愈 A 型人格

A 型人格往往生活在压力极高的状态下。A 型人格的定义来自加州大学的迈耶·弗里德曼的里程碑式研究，他发现 A 型人格患心脏病的风险最高。以下的表格中列出了一系列具有挑战性的行为做法，可以帮助任何一个有 A 型人格或患有压力型恐惧的人开始做出选择，建立起积极的平和态度。这可以归结为从焦虑和压力到平和的转变。每周都选择尝试几项，直到尝试完所有选项。

A 型人格的疗愈	
从下面列表中选择至少一项每天进行练习，直到所有都做完。然后重复去做	
站到商店中最长的结账队伍里去，放空自己的思想，选择平和；使用"三十秒找寻平和"过程	用工作以外的标准来衡量你的成就。例如，你的天赋、创造力、人品或亲密关系

续表

A型人格的疗愈	
从下面列表中选择至少一项每天进行练习，直到所有都做完。然后重复去做	
向窗外看30秒钟，让你的思绪自由驰骋，欣赏自然的各种变化	用今天一天的时间来发现自己的优点和优秀品质
	练习原谅小错误
今天为自己做件特别的事	默默地做些好事、善事
从慢车道开车回家	练习心怀感恩地接受赞美
从今天开始多多微笑	接受生命是不完美的事实
开车回家时，听舒缓的音乐而不是新闻	拿出五分钟回想自己曾经的快乐时光
练习倾听而不打断别人	承诺不再因为自己的不完美而自我批判
给某位朋友或家人买个小礼物	认识到：完美主义本身就不完美
打电话给久没联系的一位好友	如果今天碰到了任何冲突，告诉自己，我不会让这个人或环境控制我的感受
把别人往最好处想	今天开始，多感受，少思考。多使用"我感到……"句式来让自己更加熟练地了解自己的感受